문화 영역
[3~6세]

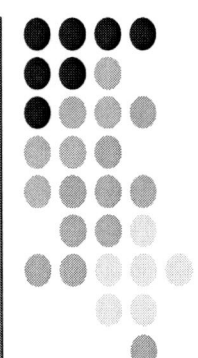

권명자 지음

M 도서출판 몬테소리

머 리 말

　-문화(우주)영역의 활동에서는 유아들이 다양한 문화적 경험을 통하여 자연과 우주를 이해하고 문화에 적응하고 수용하며, 그 문화를 존중하며 계승 발전시키는데 그 목적을 둔다. 이것은 인간의 의무이며 과제이기도 하다. 인간의 문화생활은 신체적, 윤리적, 감성적, 지적, 복합적인 형태로 구현되어 내려오는 삶의 한 방식이며 더 나아가 인간만의 품격있는 생활패턴이다.

　-특히 현대의 지구촌은 다문화의 노출과 또 한편으로는 지구의 온난화의 위기극복에 관심이 모아지고 있다. 이러한 세계의 다문화의 사랑, 생태계의 보호, 빈곤탈피, 세계 평화에 교육에 주력할 때이다. 따라서 각 학교 급별의 문화교육과정의 재구성과 그 지도 방법을 더욱 연구할 때이다. 특히 유아들의 문화교육은 장래에 지구촌을 보호할 수 있는 실천가의 후대로 성장시켜야 할 것이다.

　-본 유아의 문화(우주)영역은 1)물리적 지리, 2)정치적 지리, 3)기능지리로 나누고 다시 물리적 지리영역은 땅, 물, 공기와 .우주에 대한 내용들이며 정치적 지리는 지구본과 지도에 대한 내용이다. 기능적 지리는 지구의 생성 태양에너지와 지구, 지구의 운동과 결과 등으로 구성되었다. 그러나 3-6세는 주로 물리적 지리와 정치적 지리를 다루고 있다.

　-지리 영역은 유아에게 공간개념의 발달과 인간과 자연사를 이해시키는 중개역할을 하는 영역으로서 우주와 지구와 사람과의 관계성을 경험하며 다른 영역과 같이 큰 부분을 먼저 소개하고 점차 세부적인 내용을 접하게 된다.

　-유아의 지리 수업은 앞으로의 초등학교 때 형성해갈 기본 개념을 일깨우는 자극을 주는 초기과정이다. 그러나 흔히는 유아는 너무 어리다는 성인의 굳은 식견으로 지리에 대한 접근을 아예 시도하지 못 할 수도 있다. 이것은 유아의 강렬한 탐구정신을 수용하지 못하는 경우이다. 지리 영역 지도에서 유의 할 점은
　1)기능지리를 입문 때는 우선적으로 동, 서, 남, 북의 방형을 먼저 펼히 지도해야 하고 동물학습에 입문 할 때는 먼저 나의 신체를 다루어 주어야 한다.
　2)교구를 제시할 때는 항상 교구의 정식 명칭을 정확하게 알려 준다.
3)교구의 사용에 효과증대와 강화를 위하여 소책자 같은 읽기자료를 제시해 준다.
　4)지리와 관련한 소책자를 자주 만들어 보도록 한다.
　-몬테소리의 지리영역의 교육과정 역시 세계의 모든 어린이에게 적용이 가능한 교육과정이라고 볼 수가 있다. 즉, 0-3세, 3-6세, 6-9세, 9-12세로 나누어 지도하되 나선형적인 학습으로 반복 학습이 이루어진다.
　-이 외에 본 3-6세 지도서에 게재되지 않은 점차 심층적인 상위 단계는 6-9세, 또는 9-12세의 지도서에 단계별로 제시하였으므로 참조하기 바란다.
　끝으로, 그동안 도와주신 미국 XAVER 교수님과 여러 분들께 감사를 드린다.

지 은 이

http://www.montessori-k.co.kr

일 러 두 기

　본 문화(우주)영역 지도서의 활용에 대한 이해를 위하여 몇 가지 일러두기를 제시한다. 우리나라 유치원의 종합적인 교육과정 편성. 운영의 기본 지침을 참고하면유아의 건강생활, 사회생활, 표현생활, 언어생활, 탐구생활 등의 균형있는 발달에 그 목표를 둔다.
　인간의 문화 교육을 통하여 환경 속에서 대인관계를 형성하며 사물을 인식하고, 생각하고 표현하며 창조한다. 문화생활은 고등동물인 인간생활의 활력소이며 인간의 삶의 가치와 질을 향상시키고 새로운 문화를 창조, 보존하여 후대에 계승 발전시킴을 목적으로 한다.
　본 문화지도서는 각 주제별 활동지도안의 내용은 ①주제 ②대상 연령 ③교구 ④목적(직접목적과 간접목적) ⑤선행학습 ⑥언어 ⑦교구제시 ⑧활동과정 ⑨흥미점 ⑩실수 정정 ⑪변형확대 및 응용 ⑫지도상의 유의점 ⑬관찰(평가) 등으로 제시하였다. 한 가지 유의할 점은 모든 어린이들의 학습활동은 개인별 학습속도, 흥미, 그리고 개발되어져야 할 유아의 잠재능력개발을 염두에 두고 있으며 학습활동에 신축성, 융통성을 두어야 한다.

　1. 주제
　학습 주제는 활동의 내용을 쉽게 알아 볼 수 있도록 교구 이름, 활동내용 등을 간단한 용어로 함축하여 제시하였다. 주제는 아이들에게 호기심을 줄 수 있어야 한다.

　2. 대상 연령
　본 활동은 3-6세, 6-9세 수준을 중심으로 생활과 가까운 내용을 제시하였다. 그러나 연령의 획일성보다는 각 어린이 개인의 성장발달속도나 발달수준을 배려하여 지도해야 한다.

　3. 교구
　교구는 학습의 주제 해결을 위해 필요한 준비된 교구환경(교구)을 제시하였다. 그러나 본 교구 외에도 변형 추가의 필요성에 따라 보완함이 바람직하다. 그러나 수학교구는 가능한 제작된 기본교구를 구매하거나 제작해서 사용한다.

　4. 목적
　몬테소리 지도안의 특징으로 볼 수 있는 학습목표는 직접목적과 간접목적이 있다. 직접목적은 주로 아동개개인의 발달상의 목적으로서 본 시간에 달성할 목표를 의미하며 간접목적은 직접목적 외에도 본 활동에 의하여 포괄적인 차원의 발전적인 행위적인 목적을 의미한다.

　5. 선행 학습
　선행 학습은 직접 선행학습과 간접 선행학습으로 나누어 볼 수가 있는데 유아에게 있어서. 직접 선행학습은 본 주제를 해결하기 위한 준비된 기초학습이며 간접 선행학습은 꼭 수학이 아니더라도 질서감, 협동감 등 통합적으로 학습된 여러 가지를 의미한다. 선행학습의 필요성은 다음 활동의 완수를 돕기 위한 것이다.

6. 언어
　우리는 흔히 언어지도를 주로 국어에서만 하는 것으로 생각하기 쉬우나, 동물에 관련한 언어, 식물에 관련한 언어 그리고 지리·역사·과학 등 모든 교과에서 직접 관련된 학문적인 다양한 언어들을 수없이 접하며 익히게 된다.

7. 교구 제시
　교구 제시는 아동들에게 정확히 제시되어야 한다. 본 교구 란에서는 교구활용 상황을 쉽게 볼 수 있고 학습하는 방법을 감지할 수 있도록 하였다. 본 교구 제시는 교구는 색상처리가 마땅하나 여러 가지 여건상 흑백으로 처리한 점은 아쉬운 일이다.

8. 활동 과정
　활동과정에는 수업의 진행상황을 제시하였다. 교사의 지도방법에 따라 더욱 다양한 교수·학습방법을 개발하여 실시함이 바람직하다. 활동과정에서 반드시 유의할 점은 교사의 정확한 제시와 아동들이 구체적인 교구를 스스로 선택하는 등 자기주도적인 학습활동과 집중력으로 사고력, 창의력을 신장시켜야 한다.

9. 흥미점
　흥미점은 그 자료 조작에서 색깔·소리·모양·인식점 등 좋아하거나 매력적인 것이 무엇인가를 오감을 통해서 느낄 수 있는 점을 제시하였다. 제시한 외에도 상황과 유아 개인에 따라서는 여러 가지 다양한 흥미 점을 발견하게 될 것이다.

10. 실수 정정
　실수 정정은 자료 활용이나 학습방법기술의 부족으로 발생된 문제를 정정해주기 위한 상황이나 정정 방법을 제시한 것이다. 학습활동에서 생기는 실수는 교사의 면밀한 관찰과 신속한 대처로 자연스럽게 정정되어야 할 것이다.

11. 변형확대 및 응용
　유아의 학습활동이 주어진 활동으로 끝내는 것이 아니고 더욱 발전적인 추가(심화) 활동으로 발전됨을 제시하였다. 즉 학습활동에서 변형이나 확대 그리고 응용하여 새로운 정보를 찾거나 무엇인가를 창출해낼 수 있도록 이끌도록 한다.

12. 지도상의 유의점
　학습목표 도달을 위하여 학습활동에서 오기 쉬운 시행착오를 사전에 줄이기 위한 것으로 실험 과정에서 나타났던 내용들을 제시하였다. 즉 학습 계획 단계에서 평가까지 각종 야기될 수 있는 여러 가지 문제점이나 보완사항을 제시하였다.

13. 관찰(평가)
　평가는 대개 직접목적과 밀접한 관련을 가지고 있으며 아동 스스로 또는 교사의 관찰에 의한 누가 기록 등 다양한 평가방법에 따라 이루어진다. 따라서 본 란에는 수업목표와 관련된 평가 내용들을 제시하였다.

차 례

[문화영역 3~6세]

1. 역사

활동(1) 과거 시간 소개 ·· 7
활동(2) 시계 소개 ·· 9
활동(3) 5분 소개 ··· 11
활동(4) 30분 소개 ··· 13
활동(5) 시간순서 짓기 ·· 15
활동(6) 시간에 관한 어휘 ·· 17
활동(7) 역사와 문법 ·· 19
활동(8) 달력 만들기 ·· 21
활동(9) 표준달력 ·· 23
활동(10) 일주일 ·· 25
활동(11) 1년 순서와 4계절 ·· 27
활동(12) 연령 표 ·· 29
활동(13) 나의 성장표 ·· 31
활동(14) 나의 가족나무 ·· 33
활동(15) 역사의 연표 ·· 35

2. 지리

활동(16) 땅, 공기, 물 (기본제시) ··· 37
활동(17) 땅, 물, 공기의 분류 ·· 39
활동(18) 동물이 사는 곳 ·· 41
활동(19) 교통수단 ·· 43
활동(20) 모래지구본 ·· 45
활동(21) 대륙지구본 ·· 47
활동(22) 땅과 물의 형태 ·· 49

활 동(23) 지구본과 지도 ·· 51
활 동(24) 세계지도 퍼즐(5대양 7대주) ·· 53
활 동(25) 세계지도퍼즐(대륙의 탐구) ·· 55
활 동(26) 세계지도퍼즐(국기, 국가, 대륙) ··· 57
활 동(27)(기능지리)지구와 태양계 ·· 59
활동(28)(기능지리)우주놀이 ·· 61

3. 동물학

활 동(29) 동물학(생물과 무생물) ··· 63
활 동(30) 생물의 분류 ·· 65
활 동(31) 생물의 5왕국 ·· 67
활 동(32) 동물과 식물 ·· 69
활 동(33) 척추, 무척추동물 ··· 71
활 동(34) 동물에 대한 정보 ·· 73
활 동(35) 척추동물의 분류 ·· 75
활 동(36) 척추동물의 분류 ·· 77
활 동(37) 무척추동물의 분류 ·· 79
활 동(38) 해면동물 문 ·· 81
활 동(39) 강장동물 문 ·· 83
활 동(40) 편형동물 문 ·· 85
활 동(41) 선형동물 문 ·· 87
활 동(42) 환형동물 문 ·· 89
활 동(43) 절지동물 문 ·· 91
활 동(44) 연체동물 문 ·· 93
활 동(45) 극피동물 문 ·· 95

4. 식물학

활 동(46) 식물의 개요 ·· 97
활 동(47) 식물의 분류 ·· 99
활 동(48) 나무와 뿌리 ·· 101

활 동(49) 줄기 ·· 103
활 동(50) 잎 ·· 105
활 동(51) 꽃 ·· 107

5. 음악

활동(52) 소리 상자 ·· 109
활동(53) 악기 매칭 소리 ·· 111
활동(54) 높은 음, 낮은 음 ·· 113
활동(55) 빠르게와 느리게 ··· 115
활동(56) 세게 여리게 ·· 117
활동(57) 여리게 ·· 119
활동(58) 음표 ··· 121
활동(59) 쉼표 ··· 123
활동(60) 운지법 ·· 125
활동(61) 높은음자리표 ·· 127
활동(62) 상행 음과 하행음 ··· 129
활동(63) 보표 ··· 131
활동(64) 오선퍼즐 만들기 ··· 133
활동(65) 악보와 건반 ·· 135
활동(66) 무지개 건반 ·· 137
활동(67) 음표 이름 ··· 139
활동(68) 음감 벨 ··· 141

6. 부록

1) 아이의 업무와 교사의 업무 ··· 142
2) 아이의 의식상태와 무의식 상태의 아이의 행동은 어떠한가? ········· 143
3) 아이에게 존중감을 보이기 위하여 교사가 할 일은 무엇인가? ············· 143
4) 아이들이 최고로 잘 배울 수가 있는 때는 언제인가? ························ 144
5) 아이들이 준비된 환경 속에서 이익을 얻게 되는데 그 까닭은 무엇인가? ··· 144

1. 역사

활동(1) 역사

주 제	과거 시간 소개	대상 연령	3~5세
교 구	아라비아 숫자로 된 초침이 달린 벽시계, 한 시간용 시계 여러 가지 시계-1분, 2분, 3분, 뻐꾹 시계. 5분 모래시계 세트 숫자가 표시된 태엽 감는 시계 해시계(인류 최초의 시계) 전자시계와 시계의 글자가 있는 그림카드 여러 형의 시계		
목 적	직 접	・1분과 1초, 1시간의 길이가 다름을 알 수 있다. ・시간의 기본 단위를 이해한다.	
	간 접	・과거의 긴긴 시간을 감지할 수 있다 ・시간의 소중함을 알고 시간을 아껴 쓸 수 있다	
선행학습	숫자를 세고 읽기		
언 어	분, 시간, 시계, 모래시계, 해시계 등		
교 구 제 시			

활동과정 (상호작용)	제시1) 모래시계 놀이 • 처음에 1분짜리 모래시계를 살펴보자. – "떨어지는 모래들은 일종의 시계와 같은 역할을 하단다. 이 모래가 흘러내리는 데는 정확히 1분이 걸린다." "자, 이제 다시 해보면서 1분이 실제로 얼마나 긴가? 를 느껴보자." • 벽시계 쪽으로 모래시계를 가져온다. – "초침이 1바퀴 도는 시간과 1분 모래시계와 똑같은 시간이 걸린단다." – 몇 분 동안 바늘이 돌아가는 시간을 지켜본 후 두 시계의 시간이 같은 까닭을 알아본다. – 1분 모래시계의 모래가 흘러내리는 동안 숨을 쉬지 않는 활동을 해본다. – 다음 날 2분, 3분, 5분 모래시계를 같은 방법으로 소개한다. 제시2) 태엽이 감긴 시계를 소개한다. "이 시계도 짧은 시간을 재는데 사용되며 정확한 시간 내에 요리할 수 있도록 주방에서 사용 될 수 있단다." – 어린이에게 시간을 고정시키는 방법을 보여주고 각자 해 본다. – 1시간을 소개해 주고 1시간은 상당히 긴 시간임을 인지한다. – 해시계, 벽시계, 뻐꾹 시계 등 다양한 시계를 소개한다. – 교구를 정리하고 제자리에 둔다.
흥미 요소	모래가 떨어지는 것이나 소리가 나는 뻐꾹 시계를 보는 것
실수정정	1초, 1분, 1시간의 개념이 인식되지 않을 때.

변형 확대 및 응 용	• 우리나라 최초의 시계인 해시계, 물시계에 대하여 소개한다. • 시간을 알릴 수 있는 방법을 생각하고 실지로 만들어 본다.	지 도 상 의 유 의 점
		1분의 길이를 중심으로 1초와 1시간의 개념을 이해하도록 한다.
		관 찰 (아 동 평 가)
		시간의 소중함과 시간의 단위에 따라 시간의 길이가 다름을 아는가?

활동(2)

주 제	시계 소개	대상 연령	5~6세
교 구	교수용 시계(앞면은 숫자가 쓰여 있지 않지만 바늘과 숫자는 움직일 수 있다) 숫자를 담을 작은 바구니. 모래시계		
목 적	직 접	• 시계의 시침을 움직여 원하는 시간을 만들 수 있다. • 시간을 잘 지킬 수 있다.	
	간 접	• 시계는 시간을 알 수 있으며 시간이 모여 1주일, 한 달, 1년, 그리고 긴 역사가 이루어짐을 안다.	
선행학습	과거시간 소개		
언 어	3부분 카드, 시계 스템프, 종이, 벽시계		
교구제시			

활동과정
(상호작용)
	- 시계와 숫자가 담긴 바구니를 학급 벽시계가 있는 작업영역으로 가지고 온다.
	• 벽시계와 교수용 시계를 나란히 놓는다.
	• 두 시계를 마주보고 어린이와 함께 앉는다.
	  - "이것은 시간을 배우는데 필요한 특별한 시계란다."
	   "시계 위에 숫자를 놓아 보자, 우선 숫자 1을 찾아줄 수 있겠니?"
	   "저 쪽의 진짜 벽시계를 한 번 쳐다보자. 숫자 1이 어디에 있지? 똑같은 위치에 숫자 1을 놓아보자."
	• 위와 같은 방법으로 12시까지 모두 놓는다.
	• 교사의 도움 없이 숫자를 움직여 차례대로 시계를 완성해 놓는다.
	• 시계가 완성될 때 1시 침을 움직인다.
	  - "이 시계는 지금 1시를 나타내고 있단다."
	• 계속해서 다른 시간도 만들어 본다.
	  - "3시를 만들어 보겠니?"
	• 3단계 교수법으로 주어진 시간이 몇 시인가를 질문하고 대답하게 한다. "이 시계는 지금 몇 시인지 대답해 볼래?"
	• 작업 후 엔 정리하여 제자리에 놓는다.

흥미 요소	긴 바늘이 한 바퀴를 돌때 작은 바늘은 한 칸을 가는 것.
실수정정	교실에 있는 벽시계와 아동이 만든 시계가 다를 때

변형 확대 및 응용	시계 스탬프를 이용하여 시각을 그려 놓아 소책자를 만들어보도록 한다.	지도상의 유의점
		한 바늘이 단지 시간만을 나타내도록 인쇄된 시계카드로 작업을 하게 한다.
		관찰 (아동평가)
		시간의 소중함을 알고 시각을 정확히 읽을 수 있는가?

활동(3)

주 제	5분 소개	대상 연령	5~7세
교 구	교수용 시계. 5분 간격으로 된 시간카드 세트. 몬테소리 수학의 5비즈 사슬 12개.		
목 적	직 접	• 5씩 셈으로 5분을 이해하고, 5의 배수의 개념을 익힌다. • 5씩 세어 12자로 가면 60분이고 이것은 1시간임을 안다.	
	간 접	• 시간의 개념을 알 수 있다.	
선행학습	"30분"이라고 말하는 법, 60까지 수 세기		
언 어	5분, 10분 …… 60분, 1시간		
교 구 제 시			

활동과정
(상호작용)
	제시1)벽시계 앞에 있는 작업영역에서 자료를 가져온다.
	• 아동들을 초대하여 활동명과 영역을 알려준다.
	• "30분", 60분"아라고 말하는 법을 복습한다.
	• 유아에게 1시간이 60분이라는 것을 상기시킨다.
	• 교수용 시계를 똑바로 내려놓은 후. 교사가 비즈 사슬 1개를 내려놓을 때마다 5씩 센다.
	   - 비즈 사슬들은 1줄에 5개씩 꿰어있다, 5, 10, 15, 20 ..... 계속해서 60까지 세어 보자. 1시간 안에는 60분이 있다.
	    60분이 시계 위에서 어떻게 시간이 연결되는가를 살펴본다.
	• 분침을 시계 위에 고정시키고 분침을 시침주위로 서서히 움직인다.
	   - 분침이 시계 1바퀴를 돌면 1시간이 걸린단다. 이 시간은 60분과 같다.
	
	제시2)분침을 12에 두고 서서히 움직여 숫자 1에 멈춘다.
	   - 나는 지금 분침을 5분 앞으로 움직였다. 이 지점은 5분 지난 시간이다. 5분이 지나갔다는 것을 나타내기 위하여 5비즈 사슬을 놓아보자
	    숫자 1과 2 사이의 공간에 5비즈 사슬을 놓고 5씩을 센다.
	• 같은 방법으로 5분씩 추가하면서 어린이에게 시계그림과 시간이 쓰여진 카드가 분리된 것 중에서 하나를 선택해서 작업해 보도록 한다,
	• 작업 후엔 정리하여 제자리에 놓는다.

흥미 요소	시계 앞면에 놓인 5비즈 사슬.
실수정정	시간을 보고 정확하게 시간을 맞추지 못했을 때.

변형 확대 및 응 용	시간 표시를 할 수 있는 시계 스템프를 찍어주고 분을 나타낸 후 그 아래에 분을 써 본다.	**지 도 상 의 유 의 점**
		1시간이 60분이라는 것을 확인시키고 본인의 시계돌리기 작업토록 확인한다.
		관 찰 (아 동 평 가)
		5분, 10분 ,15분, 20분 '씩 시계에 나타낼 수 있는가?

2. 지리

활동 (4)

주 제	30분 소개	대 상 연 령	5~6세
교 구	• 시침, 분침이 있는 교수용 시계 • 숫자를 담은 바구니 • 시계 카드 세트(카드 밑에는 3시(3:00), 2시 30분(2:30) 등이 쓰여 짐) • 시계 그림과 시간 표시가 분리된 카드 세트		
목 적	직 접	• 시계를 바르게 읽을 수 있다. • 시침과 분침의 역할을 알 수 있다.	
	간 접	시간의 개념을 알게 할 수 있다.	
선행학습	시계 소개 활동		
언 어	30분, 반, 분침, 시침		
교 구 제 시			

활동과정 (상호작용)	- 시계, 숫자를 담은 바구니, 카드 세트를 작업영역으로 가져온다. 제시!) 시계 위에 숫자를 놓아 본다. - 시계 위의 짧은 바늘은 시를 가리키는 시침, • 긴 바늘은 분을 가리키는 분침임을 재확인 한다 • 교사가 제시한 시각 시계 바늘로 가리켜 본다. • 3시(9시, 6시, 12시 등)를 나타내 볼래?" • 1시간에는 60분이 있다. 지금 3시인데 4시가 되려면 그 사이에 많은 시간이 있다, 오늘은 시간 사이의 시계 보는 법에 대해 알아본다. - 분침을 가리키며 분침에 대한 설명을 한다. • 이 긴 바늘은 1시간이 몇 분인지를 알려 주는데 '분침'이라고 부른다. - 7시 30분을 나타내는 방법을 알아보자 • 분침을 숫자 12에 두고, 시침을 7에 맞춘다. 이것은 7시이다. • 이번에는 시침을 7과 8사이에 두고 분침은 숫자 6에 둔다. • 이것은 7시 30분을 나타낸 준다. • 교사가 지시하는 원하는 시각을 나타내 본다. - 각 카드의 시계를 보여주고 교수용 시계에 똑같이 가리켜 본다. 예: 5시 30분을 맞추어 보겠니? - 작업 후엔 정리하여 제자리에 놓는다.
흥미 요소	긴 바늘이 한 바퀴 도는 동안 작은 바늘은 한 바퀴를 가는 것 시계를 만들고 카드로 맞추어 확인하기
실수정정	• 시계바늘 방향을 거꾸로 돌릴 때 • 5시의 30분을 가리킬 경우 시침을 5시와 6시의 중앙에 놓지 않을 때

변형 확대 및 응용	• 모형시계의 시각과 시각에 해당되는 그림을 연결해 보게 한다. • 위와 똑같은 방법으로 몇 시 15분, 몇 시 45분을 가리키도록 한다.	지도상의 유의점
		3부분 카드를 활용하여 아동자신의 작업 결과를 스스로 확인한다.
		관찰 (아동평가)
		몇 시 30분의 시각을 시계 판에 바르게 나타내고 바르게 읽을 수 있는가?

활동(5)

주 제	시간 순서 짓기 (생활시간표)	대 상 연 령	5~6세
교 구	• 하루 생활 순서표 -순서표의 앞면은 6인치의 넓이로 24칸으로 나누고 왼쪽 끝에서 시작하여 각 칸의 위에다 자정(12시), 1시, 2시로 시작해서 전체 하루 시간을 쓴다. -시간 숫자 밑에 자정-정오는 노란색, 정오-자정은 푸른색을 1인치의 넓이로 칠한 것.		
목 적	직 접	순서표에 하루활동 순서를 도표로 진열해 놓을 수 있다	
	간 접	• 하루 일과를 보다 분명하게 인식하게 한다. • 시간을 도표로 제시하여 하루의 시간 순서를 알 수 있게 한다.	
선행학습	시각 바로 읽기, 시계 소리 활동		
언 어	생활 순서 표, 하루시간에 관한 어휘(자정, 정오, 낮, 밤)		
교 구 제 시			

활동과정 (상호작용)	제시1) 바닥에 순서 표를 펼친다. - 하루 활동 그림파일들을 가지고 순서 표 왼쪽 끝에 앉는다. - 오늘의 순서 표에 대해 설명한다. - 이것은 하루생활 순서 짓기이다. 하루생활 내용의 그림카드를 제시된 생활 순서판 위에 올려놓아 보자. (곧 생활시간표이다) - "자, 이제부터 생활순서 표를 만들어 보자 - 어린이가 아침에 일어나는 장면의 카드를 찾아 어떤 상태인지 카드를 설명하고 어린이가 몇 시에 일어나는지 묻는다. - 자, 오늘 네가 몇 시에 일어났는가? 를 이 생활 순서표에 맞추어 올려놓아 보겠니?" 제시2) 하루 수업 중 학급에서의 활동그림을 나타내는 그림카드 세트를 펼쳐 놓는다. - 어린이에게 순서 표 위의 적당한 위치에 하주 중 시간대에 해당되는 다른 활동들을 계속하여 올려놓게 한다. " 이 사진들을 시간대에 맞추어 순서대로 늘어놓아 보자 - 잠자는 어린이를 나타내는 카드도 놓게 한다. - 잠자는 사진도 시간대에 맞추어 순서대로 늘어놓아 본다. - 어린이가 다 늘어놓은 각 그림 밑에 적당하게 설명 카드를 놓는다. - 교구를 정리하고 제자리에 둔다.
흥미 요소	순서 표 학습한 활동사진에 흥미를 보임
실수정정	• 하루의 시간의 개념이 인식되지 않을 때.

변형 확대 및 응용	• 시계 스탬프를 이용해 시간대별 나의 책자를 만들어보기(나의 하루). • 순서 표에 설명 사진을 빼고 카드만 사용하여 순서를 짓기	지 도 상 의 유 의 점
		• 어린이에게 하루 일과를 분명하게 인식하게 한다.
		관 찰 (아 동 평 가)
		• 순서 표에 하루의 활동을 시간대에 맞게 늘어놓을 수 있는가?

활동(6)

주 제	시간에 관한 어휘	대상연령	3 ~ 6세
교 구	• 시간에 관한 낱말카드, 작은 바구니		
목 적	직 접	• 하루가 일정한 시간으로 나누어짐을 알 수 있다. • 시간에 관한 기본어휘를 알 수 있다.	
	간 접	• 시간이 모여 역사가 이루어짐을 알 수 있게 한다.	
선행학습	하루시간 순서 짓기		
언 어	~전, ~후, 몇 시, 어제, 오늘, 내일, 오전, 오후, 정오, 자정		
교구제시			

활동과정
(상호작용)
	• 시계의 여러 가지 모양을 본다.(디지털시계, 큰 시계, 벽시계, 작은 시계)
	• 시계의 모양이나 크기는 다르지만 모두 시간을 재는 것이고 하루는 24시간이다(시계의 큰 바늘이 두 번 돌면 24시간=1일)
	• 긴 바늘과 짧은 바늘을 함께 12시에 갖다 놓고 정오와 자정을 설명한다.
	"이 시각에는 주로 무엇을 하지요."
	"점심 먹는 낮 12시를 '정오'라고 한단다."
	
	• 시계를 정오에 놓고 한 바퀴 돌리며 자정에 대해 설명한다.
	• 시계를 돌리며 오전과 오후의 개념을 설명한다.
	  오전: 자정부터 정오까지 한 번 돌리는데 걸리는 시간
	  오후: 낮 12시부터 밤12시 까지 두 번째 돌리는데 걸리는 시간.
	
	• 순서 표에서 오전과 오후를 나누어 다시 설명한다.
	• 어제 있었던 일, 내일 할 일에 대해 이야기를 하게 한다.
	• 지나간 일과 앞으로 무슨 일이 일어날지에 대해 말해 보겠니?
	• 작업 후 정리.

흥미 요소	하루가 24시간이고 오전과 오후로 나뉘어 말한다는 것
실수정정	시간에 대한 어휘를 적절하게 사용하지 않을 때

		지도상의 유의점
변형 확대 및 응 용	오전에 한일, 오후에 할일을 그림으로 그려 보기	여러 가지 이야기를 통해 자연스럽게 어휘지도를 한다.
		관찰 (아동평가)
		그림과 명칭카드를 정정카드를 활용하여 스스로 틀린 것을 찾아 정정할 수 있는가?

활동(7)

주 제	역사의 문법	대상연령	5~6세
교 구	• 과거, 현재, 미래를 표시한 표 • 때를 나타내는 어휘카드		
목 적	직접	• 때를 나타내는 말을 구분하고 확장할 수 있다.	
	간접	• 역사의 연표를 준비하는 태도를 가진다.	
선행학습	하루시간 순서 짓기		
언 어	때를 나타내는 어휘들		
교구제시			

- 19 -

활동과정 (상호작용)	- 어린이에게 오늘, 어제, 내일의 의미를 물어본다. • '오늘' 이란 하루가 지나 간 날인지?, 앞으로 오고 있는 날인지? 지금인지 ? 과연 어느 것일까요?" • " '지금'입니다." • "하루가 지나갔을 때는 무엇이라고 하지요?" " '어제'입니다." " 하루가 오고 있을 때는 무엇이라고 하지요?" " '내일'입니다." - 지나간 일에 대해서 이야기 한다. "작년, 지난 달, 지난 주, 어제는 모두 지나간 것이란다." - 앞으로 올 일에 대해서 이야기 한다. "내년, 다음 달, 다음 주, 내일은 앞으로 올 것이란다." - 오늘을 표시한 카드를 보여 준 후 어제와 내일 카드도 작업하게 한다. " 오늘 한 일을 카드로 찾아보고 오늘에다 놓아보자." " 어제는 무엇을 했을까? 이야기를 해 보고 이 카드에서 네가 했던 일을 찾아서 어제 칸에다 놓아 볼래?." 내일 할 일을 이야기 해 보고 그림을 찾아서 내일 칸에 놓아 볼래? - 어제 있었던 일, 오늘 한일, 내일 할일을 연결하여 이야기 하도록 한다.
흥미 요소	하루가 24시간이고 오전과 오후로 나뉘어 말한다는 것
실수정정	시간에 대한 어휘를 적절하게 사용하지 않을 때

변형 확대 및 응 용	때에 관련된 어휘들을 듣게 한 후 어느 그룹에 속하는가를 분류해 보게 한다. (아까, 지금, 작년, 금년, 내년, 2007년, 2008년, 2009년, 2010년) 5일(어제), 6일(오늘), 7일(내일)	**지 도 상 의 유 의 점**
		시제를 정확하게 보지 않아도 여러 가지 이야기를 통해 자연스럽게 시제의 어휘지도를 익히도록 한다.
		관 찰 (아 동 평 가)
		그림과 명칭카드를 매치시킬 수 있고 정정카드를 활용하여 스스로 틀린 것을 찾아 낼 수 있는가?

활동(8)

주 제	달력 만들기	대 상 연 령	3~6세
교 구	• 매 월의 달 날짜가 한 장에 모두 표시된 낱장 달력(일력) • 테이프 또는 압핀, 한쪽 벽면에 하나씩 끼울 수 있는 것. • 색 연필 • 한쪽 벽에 길게 진열할 수 있는 게시판.		
목 적	직 접	• 달력에 관한 최초의 감각을 가질 수 있다. • 달력을 볼 수 있다	
	간 접	짧은 시간이 모여 긴 역사를 이루게 됨을 알게 한다.	
선행학습	시간에 관한 어휘 활동		
언 어	때를 나타내는 어휘들(일, 월, 달, 년, 세기)		
교 구 제 시			

활동과정
(상호작용)
	* 달력 만들기
	- 이 활동은 아침 대 구룹 활동에서 자주 소개되며 해당 달의 첫째 날부터 시작한다.
	- 오늘은 우리 반 달력을 만들자. 이 달력은 하루가 지나간다는 것을 표시하기 위해 사용된다.
	- 오늘에 해당되는 달력을 보여준다.
	  • "이것은 '오늘' 을 나타낸다.
	  • 오늘은 10월1일이다. 10월이라는 낱말과 숫자 1을 찾을 수 있겠니? 10월은 31일까지 이니까 31장이 필요 하단다
	  • 오늘은 10월의 첫날이고 일주일의 어떤 요일에 해당된다. "오늘은 무슨 요일일까요?" "맞았어, 오늘은 수요일이다."
	  • "이 달력에서 수요일이라는 낱말을 찾을 수 있겠니?"
	  • "이것은 오늘이 10월1일 '수요일'이라는 뜻이다 여기에다 색연필로 오늘의 날씨를 그려보자 (달력을 바닥에서 1미터 지점에 코너에 걸어놓기)
	- 각 날에 해당되는 낱장 달력을 한 장씩 걸어서 달력의 매수가 점차 많아짐을 인지한다.
	- 지속적으로 매일 적당한 형태로 날씨를 그리고 생일날이다 공휴일과 같은 특별한 날도 써 넣도록 한다. 날짜와 날씨를 확인하기 위해 항상 어제 달력을 언급해 준다.
	- 월요일마다 달력을 포개어 각각 일주일이라고 쓰고 정기적으로 어린이에게 달력장수를 세어보게 한다.
	- 월말에 비가 온 날, 눈이 논 날, 맑은 날이 몇 일인가?를 세어보고, 또 어린이가 기록한 특별한 날도 세어 본다.

흥미 요소	매일 낱장 달력을 걸어두는 것, 한 달의 날씨사정을 알 수 있는 것
실수정정	달력에 있는 시제의 어휘를 이해하지 못했을 때

변형 확대 및 응용	• 한 달이 끝날 때쯤 시간과 순서를 인식시키기 위해 모든 낱장의 달력 종이를 함께 묶는다. • 더 긴 시간 순서를 인식하기 위해 1년이 자나갈 때쯤에 모두 묶어 어린이와 함께 재복습한다.	**지도상의 유의점**
		시간은 매우 소중함을 인지시킨다. 달력은 특별행사를 알 수 있게 해줌을 인식시킨다.
		관찰(아동평가)
		여러 날이 모여 한 달이 되고 7일이 모이면 일주일이 됨을 알고 있는가?

활동(9)

주 제	표준 달력	대상연령	5~6세
교 구	• 교수의 달력 판을 나무로 만들고 달·요일·날짜 카드를 붙일 공간위에 조그만 못을 박아 걸어둔다. • 각각을 담을 바구니 3개. • 달 명칭, 요일, 날짜가 (1~31일) 쓰여 진 나무판.		
목 적	직접	• 달력 사용방법을 알 수 있다. • 표준달력의 구성을 알 수 있다	
	간접	• 짧은 촌음이 모여 긴 역사를 이루게 됨을 알게 한다.	
선행학습	달력활동, 일주일		
언 어	일, 요일, 월, 달 등의 달력에 나오는 어휘들		
교구제시			

활동과정 (상호작용)	- 이 활동은 보통 나이 든 유아들의 소그룹 활동으로 다른 유아들과 구분해서 소개된다. 이 활동소개 후 학급의 달력으로서 이용되기보다 어린이가 작업할 수 있도록 교실에 비치해 둔다. - 나무판 달력 주위에 어린이를 부르고 나무판 달력에 대해 설명한다. 　• "이것이 요일과 날짜를 자유롭게 움직일 수 있는 것을 제외하면, 어른 들이 사용하는 달력과 비슷하다." - 원하는 달을 골라서 달력위에 거는 위치에 걸면서 작업을 시작한다. 어린이에게 '요일'을 담은 바구니를 보여주고 일요일부터 토요일까지 순서대로 달력에 건다. - 그 달의 첫 째날(1일) 카드를 선택한다. 첫날이 무슨 요일입니까? 나무판 달력에 첫 째날(1일)을 걸어 본다. - 나머지 날짜들도 순서에 따라 계속하여 건다. - 한 달의 날짜가 다 걸리면 한 달 전체를 자연스럽게 볼 수 있다. - 내 생일은 7월 5일이다 무슨 요일일까요? - 작업 후엔 정리하여 제자리에 놓는다.
흥미 요소	나무판 달력은 마음대로 숫자와 요일을 움직일 수 있는 점
실수정정	달력에 있는 어휘를 이해하지 못했을 때

변형 확대 및 응용	인쇄된 표준달력을 이용하여 달력의 구성을 확인한다.	지 도 상 의 유 의 점
		나무판 달력은 일반 달력과는 약간 다르며 한 번에 한 달 전체를 다 볼 수 있게 만든다.
		관 찰 (아 동 평 가)
		나무판 달력을 만들 수 있는가?

활동(10)

주 제	1 주 일	대 상 연 령	4~5세
교 구	• 연하게 색칠된 두꺼운 종이판(요일이 순서대로 적혀있고 7칸으로 나누어져 있음. • 요일 카드 세트. • 요일카드를 담을 상자나 용기		
목 적	직 접	• 요일의 명칭과 일주일의 생활순서를 알 수 있다.	
	간 접	• 짧은 시간이 모여 긴 역사를 이루게 됨을 알게 한다.	
선행학습	달력 만들기, 글자 읽기.		
언 어	일주일을 나타내는 어휘들		
교구제시			

활동과정 (상호작용)	- 어린이에게 자료를 보여주고 요일에 대해 설명한다. - 작은 카드 한 장을 집어서 유아에게 읽어 준다. "오늘은 요일에 대해 공부해 보자. 목요일이구나!" - 큰 카드(요일 명칭이 쓰인 것) 한 장을 집어 유아가 읽어 본다 만약 어린이가 읽을 수 없다 하더라도(시간을 주어) 큰 카드 위에서 똑같은 요일을 찾아보도록 한다. "이것을 읽을 수 있겠니? 만약 읽을 수 없으면 큰 카드에서 똑같은 글자를 찾아 보아라" - 유아가 요일을 읽을 수 있을 때 일주일의 순서는 편의상 일요일부터(세계 공통)항상 일정하게 이어진다는 것을 설명해 준다. - 큰 종이판을 보고 요일의 순서를 가르쳐 준다. - 작은 카드를 유아가 직접 집어서 큰 카드 옆에 세로로 차례대로 놓는다. 한번 순서대로 늘어놓아 보겠니?" - 만약 어린이가 바르게 정리하면 그 카드를 뒤집어 놓고 다시 정리해 보게 한다. 어린이가 원할 때마다 그 활동을 다시 되풀이하게 한다. - 카드를 가로로 순서대로 정리하게 해 본다. - 일요일부터 토요일까지 순서대로 읽어보게 한다. - 작업 후엔 정리하여 제자리에 놓는다.
흥미 요소	요일의 명칭에 대해 아는 것
실수정정	일주일의 순서를 잘 모를 때

변형 확대 및 응 용	큰 종이판을 복사한 종이에 요일의 명칭을 써보게 한다. 어린이에게 빈 종이를 주고 기억한 요일을 순서대로 써 보게 한다.	**지 도 상 의 유 의 점**
		요일 카드를 왼쪽에서 오른쪽으로 늘어놓게 한다.
		관 찰 (아 동 평 가)
		요일의 명칭을 알고 일주일의 순서를 알고 있는가?

활동(11)

주 제	1년의 순서 짓기와 4계절	대상연령	4~6세
교 구	• 종이나 비닐로 만든 1년 순서 표(1월~12월) • 풍경 사진카드 • 왼쪽 끝에서 각 칸 위에다 12달 명칭(1월~12월)을 붙인다. 그 밑에 1인치 간격으로 순서표의 왼쪽 끝에서 오른쪽까지 테이프나 색칠로 구분을 짓기(12,1,2은 푸른색, 3, 4, 5월은 녹색, 6, 7, 8월은 빨간색, 9, 10, 11월은 주황색 칠) • 어린이가 익숙한 공휴일의 행사를 나타내는 그림카드세트 • 4계절 바깥풍경이 있는 좀 더 큰 그림세트(오류점검용 세트), 활동 설명카드		
목 적	직접	해와 관련된 계절의 순서 활동을 잘 할 수 있다.	
	간접	1년이 4계절로 이루어졌음을 알 수 있다.	
선행학습	하루시간 순서 짓기 활동		
언 어	계절을 나타내는 어휘들		
교구제시			

- 27 -

활동과정 (상호작용)	- 바닥에 순서표를 펴고, 여러 계절에 관련된 활동 그림을 가져와 순서표 왼쪽 끝에 놓는다 (순서 표에 대해 설명한다) - " 순서 표는 1년이 얼마나 긴지를 알아보기 위해 사용된다." - 순서 표에서 가장 왼쪽 편에 있는 1월 달을 가리킨다. - "새해는 1월 첫날에서 시작된다." - 설날을 나타내는 카드를 찾아본다. "이 가족은 새해 첫날 0시를 맞이하기 위해 아주 늦게까지 자지 않고 기다리고 있는 모습이다." - 1월에 그 카드를 놓는다. • 우리나라는 새해가 시작되는 때의 계절은 겨울이다. 겨울에 우리가 하는 활동을 나타내는 그림들을 찾아보자." - 우리가 입는 옷, 바깥 날씨, 공휴일의 의식 등을 알아본다. 나머지 달과 계절에 대해서도 이야기를 나눈다. - 어린이가 글을 읽을 수 있다면 어린이에게 읽게 하고 각 그림 밑에 적당한 설명카드를 놓게 한 후 계절별로 분류하고 정정카드로 확인해 본다. - 같은 장면의 4계절 사진을 준비해 놓고 계절별로 분류한다. - 작업 후엔 정리하여 제자리에 놓는다.
흥미 요소	순서 표, 익숙한 활동그림에 흥미를 느낌
실수정정	4계절 바깥 풍경이 있는 큰 세트를 계절별로 구분을 못할 때

변형 확대 및 응 용	• 달력그림이나 사진을 활용하여 순서 표에 늘어놓아 본다. • 계열성이 있게 그림을 정리하도록 한다.	**지 도 상 의 유 의 점**
		아동들이 사용할 바깥풍경 큰 카드 세트는 익숙한 곳을 찍은 사진이 더 좋고 파랑, 녹색, 빨강, 주황색으로 나타내 오류점검용으로 사용한다.
		관 찰 (아 동 평 가)
		순서에 따라 1년의 활동을 도표로 진열할 수 있는가?

활동(12)

주 제	연 령 표	대 상 연 령	4~6세
교 구	• 연령 표는 견고한 자료(3m×15m)것. 연령 표 앞면에는 왼쪽 끝에서부터 탄생 1세부터 80세까지 연령을 써 넣기 • 연령 표, 그의 부모, 형제, 자매, 조부모의 독사진(뒷면에 이름과 연령을 씀. • 출생부터 아동기, 청소년기, 장년기 그 이후까지 각 연령층의 그림카드 셋트.		
목 적	직 접	• 사람이 성장함에 따라 외모나 마음도 달라짐을 알 수 있다.	
	간 접	• 연령 표를 제시하여 시간을 도표로 나타낼 수가 있다.	
선행학습	1년의 순서 짓기, 4계절		
언 어	연령 표		
교 구 제 시			

활동과정
(상호작용)
	<제시1>
	- 작업영역에 연령 표를 펼친다. 가족사진을 가져와 숫자가 시작되는 왼쪽 끝에 앉는다.
	- 연령 표에 대해 설명한다.
	  • 연령 표는 우리 나이가 몇 살인지를 나타내 줄때 사용된다.
	- '출생'이라는 낱말과 출생에 대해 설명하고 연령표의 숫자를 본다.
	  • "출생이란 어떤 사람이 막 태어난 것을 말한다.
	  • 나는 몇 시에 태어났을까?"
	  "이 숫자들은 어떤 사람이 나이가 몇 살인지를 말해준다."
	- 어린이의 사진을 찾아 작업 활동에 대해 설명한다.
	  • "영이야, 이 사진은 너의 사진이다. 영이는 4살이지. 올해에 찍은 사진이니까 숫자 4위에 이 사진을 붙여야 한다."
	- 어린이의 다른 가족사진을 선택하여 똑같은 방법으로 계속한다. 자연히 조부모는 제일 오른쪽에 있게 된다.
	
	<제시2>
	- 다음날 두 번째 카드로 연령 표를 펼친 후 나이를 읽고 연령표위에 놓기.
	  • "영이야, 이 사진은 나이가 다른 여러 사람들의 사진이다. 이 중에 사진을 한 장 집어 나이의 숫자에 이 사진을 붙여야 한다."
	- 다른 사진들이 모두 놓일 때까지 계속한다. 나이가 들어감에 따라 사람들이 점차적으로 변하는 모습을 관찰하게 한다.
	- 작업 후엔 정리하여 제자리에 놓는다.

흥미 요소	연령 표, 익숙한 사람들의 사진
실수정정	사진 뒷면에 쓰인 숫자를 읽지 못할 때

변형 확대 및 응 용	• 뒷면에 쓰인 숫자를 참고하지 않고 두 번째 카드 세트를 나이순으로 정리해 본다. • 어린이에게 익숙하지 않은 사진을 보고 나이를 추측해 보기.	**지 도 상 의 유 의 점**
		연령 표는 사람들이 몇 살인지를 나타내 주는 한 방법으로 사용한다.
		관 찰 (아 동 평 가)
		순서에 따라 1년의 활동을 도표로 진열할 수 있는가?

활동(13)

주 제	나의 성장표	대상연령	5~7세
교 구	<ul><li>성장 표(80cm×20cm)를 만든다. 끈 아래쪽에 검은 줄을 긋고 출생부터 8세까지 표시를 한다. 왼쪽부터 시작한다.</li><li>사진(어린이, 가족사진, 애완동물, 어린이의 특이할 만한 일들의 사진)</li><li>사진 뒷면에는 명칭과 날짜를 쓴다.</li></ul>		
목 적	직 접	• 성장과정에서 중요한 사건을 차례로 순서 짓게 할 수 있다.	
	간 접	• 성장표의 개념을 강화시켜 준다.	
선행학습	1년 순서 짓기 활동		
언 어	성장 표		
교구제시			

활동과정 (상호작용)	- 활동 소개. 　• 우리는 그동안 일 년 순서 짓기를 배웠다. 오늘은 "나의 성장표를 만들어 보자 　• 작업영역에 성장 표를 편다. 가장 왼쪽의 '탄생'난을 가리킨다. 　• "여기서부터 시작하자. 이 지점은 우리가 태어났을 때를 나타낸다. 여기에 갓난아기였을 때의 사진을 붙여 보자." 　　"사진을 붙이고 그 아래에 '승희가 태어 났다'라고 써보자." - 어린이의 가족이나 애완동물과 같은 어린이 탄생시의 다른 사진들을 탄생 사진 위쪽에 붙이고 설명을 써 넣는다. - 연령순으로 계속해서 사진을 이용하고 어린이와 이야기를 한다. 　• "승희야, 여기에 6개월 때의 너의 사진이 있다. 너는 막 기어 다니기 시작했었다. 1살보다 조금 떨어진 여기에 이 사진을 놓아보자." - 이 사진을 붙이고(승희 6개월 기기시작'이라고 써 준다.) - 1년 단위로 나눠 놓은 칸에 각 사진의 위치를 강조하면서 계속한다. - 만약 어린이가 원한다면 교사는 교실에 성장 표를 걸어 둘 수 있다. - 작업 후엔 정리하여 제자리에 놓는다.
흥미 요소	내가 성장한 과정에 관한 나의 이야기
실수정정	내가 성장한 과정을 순서대로 늘어놓지 못할 때

변형 확대 및 응　　용	• 다른 친구들의 성장표도 만든다. • 어린이에게 익숙하지 않은 사진을 보고 성장 표를 만들어 본다.	**지 도 상 의 유 의 점**
		성장 표는 자신의 성장 과정을 연령별로 도표로 나타낸 것이라는 것을 강조한다.
		관 찰 (아 동 평 가)
		사진과 사건을 순서대로 정리하여 성장 표를 만들 수 있는가?

활동(14)

주 제	나의 가족 나무	대상 연령	5~6세
교 구	• 가족 나무가 그려진 두꺼운 종이 • 사진(어린이, 가족사진, 친척사진) • 표(사진을 풀로 붙여도 되는지 합의를 하고 아니면 사진을 복사한다) • 각 유아의 형제 수, 일가친척의 수에 맞게 그린 가족 나무		
목 적	직접	• 가족 관련 용어와 개념을 알 수 있다.	
	간접	• 가족은 서로 관련되어 있음을 알 수 있다.	
선행학습	나의 성장 표 활동		
언 어	가족 나무, 가족과 친척관계의 호칭		
교 구 제 시			

- 33 -

활동과정 (상호작용)	- 자료를 가져와 작업 활동에 대해 설명한다. 　• "오늘은 가족 나무를 만들어 보자. 　　"가족 나무가 어떤 것인지 본적이 있니?" 　　"이것은 실제 나무가 아니고 어떤 사람의 가족관계를 나타내는 그림이란다." - 가족 나무를 만드는 작업을 설명한다. 　• '나'부터 시작하자. 여기에 사진을 붙이고 아래쪽에 이름을 써보자. - 형제, 자매, 부모, 조부모, 숙부, 숙모 등의 순서로 만든다. 　• "네 사진 옆에는 형의 사진을 붙이고 너의 위쪽으로 아버지와 어머니의 사진도 붙여보자." - 이런 방법으로 나머지 가족들과 가까운 친척들의 사진을 붙이고 사진 아래에 이름을 써 넣는다. - 가족 나무가 완성될 때 어린이와 함께 보면서 그 관계에 대해 이야기를 나눈다. 삼촌, 숙모, 조부모, 사촌 등의 개념을 복습한다. - 작업 후엔 정리하여 제자리에 놓는다.
흥미 요소	가족 나무
실수정정	가족과 친척간의 호칭이 바르지 않을 때

변형 확대 및 응　　용	가족 구성원에 대한 더 많은 정보, 즉 생일, 결혼, 죽음, 직업, 그들이 산 도시, 다닌 학교 등에 대하여 듣기	**지 도 상 의　유 의 점**
		가족의 각 사람들은 서로 관련되어 있다는 것을 강조한다.(친척)
		관 찰 (아 동 평 가)
		가족관계의 호칭을 알고 가족 나무를 만들 수 있는가?

활동(15)

주 제	역사의 연표	대 상 연 령	6세 이상
교 구	• 빨강과 초록의 가늘고 긴 종이와 그리스도 사진 • BC와 AD의 작은 카드 • 1~20의 작은 수 카드(앞면은 아라비아 숫자로, 뒷면은 로마자로 기록) 각 2매씩 • 수 비즈 1000 비즈 4개, 100 비즈 40개, 10 비즈 20개, 1비즈 20개		
목 적	직 접	• 서기, 기원 전, 기원후의 개념을 안다.	
	간 접	• 과거, 현재, 미래의 개념을 익힌다. • 역사의 연표에 대한 흥미와 탐구심을 갖는다.	
선행학습	역사의 문법, 순서 짓기.		
언 어	서기, 기원 전, 기원 후		
교 구 제 시			

활동과정 (상호작용)	- 자료를 가져와 작업 활동에 대해 설명한다. - 그리스도 사진을 중심에 놓는다. 　• "오늘은 연도를 나타내는 간단한 역사연표를 만들려고 해." 　　"이 사진은 그리스도(예수님)의 사진인데 이렇게 가운데 놓아보자." - 연표를 만드는 작업을 설명한다. - 그리스도 탄생부터 시작하자. 　여기에 사진을 붙이고 아래쪽에 '그리스도 탄생'이라고 써보자." 　"그리스도 탄생 전은 희망을 나타내는 초록으로 하고 그리스도 탄생 후는 사랑을 나타내는 빨강으로 만든단다." - 초록색 부분 위에 BC(Before Century) 라고 적힌 카드를 놓는다. 　• "그리스도 탄생을 중심으로 이 초록색 부분이 '기원 전'이라고 한다. - 빨강색 부분 위에 AD(Anno Domino) 라고 적힌 카드를 놓는다. 　• "그리스도 탄생 후는 '기원 후'라고 한다. 그리고 이 때 부터 '서기'라는 말을 섰단다." - '서기(BC)'의 의미와 '기원 전(BC), 기원후(AD)에 관해 이야기 한다. 　(세기의 읽기) - 정의를 묻고 명칭을 말하는 활동 　• "기원전, 기원후를 가리켜 보자" - 작업 후엔 정리하여 제자리에 놓는다.
흥미 요소	역사의 연표
실수정정	기원 전, 기원 후를 구별하지 못 할 때

변형 확대 및 응　　용	내가 태어 난 년도를 말하고 역사의 연표에 비즈로 나타내 보기	지 도 상 의 유 의 점
		역사 연표에서 색이나 물건이 상징하는 뜻을 알게 한다.
		관 찰 (아 동 평 가)
		그리스도의 탄생이 중심이 되어 기원 전과 기원후가 됨을 알고 있는가?

지리

활동(16)

주 제	물리적 지리(physical Geography)- 땅, 물, 공기- 기본 제시	대 상 연 령	3 - 6세
교 구	작은 유리병 3개, 큰 유리병 1개, 모래, 비닐봉지파란 물, 땅/공기/물이라는 명칭카드 2세트		
목 적	간접	지구는 땅, 공기, 물로 형성되어 있음을 인식한다.	
	간접	지도학습 및 지리개념 이해의 기초를 이룬다.	
선행학습	공간에 관련된 초기 단계의 어휘들		
언 어	땅, 공기, 물, 모래, 파란 물		
교 구 제 시			

활동과정 (상호작용)	아동을 5명 초대한다(물, 모래 영역에서도 가능하다) 제시1) -흙이나 모래를 담아 오겠니? 흙을 만져보고 그 느낌을 말해본다-흙이나 모래를 담아올 때는 손가락으로 만져 본 느낌이나 냄새 그리고 눈으로 본 결과를 말 해 본다. -거칠어요 촉촉해요, 바슬거려요 딱딱해요. 부슬거려요(언어확충) -오! 그렇게 느꼈구나! -땅(흙의 좋은 점을 알아 본다) 제시2) 이번에는 공기를 좀 담아오겠니? -아이가 생각하게 한 후 비닐주머니를 내밀면서 여기에 공기를 어떻게 담을 수 있을까?(풍선 속의 공기 이야기) -공기는 눈에 보이지가 않는구나! -공기의 색깔이 보이나요? -공기의 촉감은 어떠한가요? -공기 속에는 무엇이 들어 있나요? -공기의 좋은 점을 이야기 한다. 제시3) -이번에는 물을 가져 오겠니? -색깔, 촉감, 보이는 느낌, 물이 좋은 점 등을 이야기 한다 제시4) - 흙, 물 ,공기가 든 병을 본다. - 세 가지의 무게에 대해서도 이야기 한다
흥미 요소	공기는 분명히 있는데 보이지는 않는다는 것
실수정정	흙, 물, 공기의 구분을 짓지 못할 때

변형 확대 및 응 용	페트병에 각자 땅, 공기, 물을 만들어 보고 명칭을 써서 붙인다.	**지도상의 유의점**
		물대신 다른 액체끼리 모은 병속의 액체도 보여 준다
		관 찰 (아 동 평 가)
		지구의 중요한 구성 물질 3가지를 아는가?

활동(17)

주 제	물리적 지리(physical Geography) **땅, 물, 공기의 분류**	대 상 연 령	3 - 6세
교 구	베이지색 종이에 붙인 땅 그림사진(베이지색 뒷면에 스티커 붙이기) 파란색 종이에 붙인 물 그림 사진, 큰 물 병 -1개(물, 흙, 공기) 흰색 종이에 붙인 공기그림 사진, 작은 물 병- 3개		
목 적	직 접	물, 모래, 공기의 개념을 강화 한다.	
	간 접	물, 모래, 공기의 고마움을 알고 아낀다.	
선행학습	땅, 물 공기		
언 어	땅, 물, 공기, 그림 사진		
교 구 제 시			

활동과정
(상호작용)
	◉ 땅, 물, 공기
	-아이의 초대하기
	제시1) 땅 만들기
	-큰 유리병에 땅, 물, 공기를 넣고 흔든 후 제자리에 놓고 기다리며 관찰한다.
	-왜 땅은 밑에 있고 물은 위에 있을까?
	  물은 땅보다 양이 더 많아서 이다
	  물이 많으면 물이 위로 올라오고 물이 적으면 땅속에 들어 있다
	-여러 가지 모아온 그림을 보고 땅, 물, 공기의 그림을 같은 것끼리 분류해 본다.(3단계 학습)
	-병에 세 가지를 담아서 세 가지를 알아 맞추기 게임을 한다.
	  무게나 밀도에 대해서 쉽게 이야기를 나눈다.
	
	제시2) 세 영역에 있는 것의 분류하기
	- 밤색 바탕종이에 붙인 땅 그림 사진
	- 파란 색 바탕종이에 붙인 물 그림 사진
	- 흰색 바탕종이에 붙인 공기그림 사진을 준비한다.

흥미 요소	공기가 비닐 주머니에 담겨 물렁거릴 때
실수정정	땅, 공기, 물을 분간하지 못 할 때

변형 확대 및 응 용	땅, 물, 공기에서 우리가 할 있는 것을 이야기 한다	**지도상의 유의 점**
		땅, 물, 공기에 대한 분류는 구룹별로 작업한다.
		관 찰 (아 동 평 가)
		땅, 물, 공기를 구룹 별로 구분할 수 있는가?

활동(18)

주 제	물리적 지리(physical Geography) 동물이 사는 곳	대 상 연 령	3 - 6세
교 구	동물의 각 종 동물의 실물 또는 동물 사진		
목 적	직 접	동물이 살고 있는 곳에 관심을 가진다.	
	간 접	동물을 사랑하는 까닭을 이해한다.	
선행학습	산 속, 물 속		
언 어	동물, 동물들의 이름(언어 카드), 더운 지방, 추운지방		
교구제시			

활동과정 (상호작용)	동물들의 사는 곳 제시1) 여러 가지 동물들을 살펴본다. -육지에서 사는 동물: 코끼리, 사자, 호랑이, 사슴, 토끼, 돼지, 소, 닭 -바다에서 사는 동물: 고래, 상어, 물개. 조기, 연어, 갈치, 오징어"""" - 하늘에서 사는 동물: 까치, 참새, 기러기, 가창오리 """" 제시2) 여러 가지 지역의 동물들에 대하여 이야기 한다 -추운지방의 육지에서 사는 동물 : 북극 곰, 순록"""" -추운 지방의 바다에서 사는 동물: 물개, 펭귄, 수달 등 등 - 추운 지방의 하늘에서 사는 동물: 여러 가지 철새, -더운 지방의 육지(전역)에서 사는 동물 ;코끼리, 사자, 호랑이 -더운 지방의 바다에서 사는 동물; 악어 -더운 지방의 하늘에서 사는 동물들을 알아 본다. 제시2) -땅과 물에서 사는 동물을 찾아 본다. -땅그림과 물 그림을 포개놓고 그 위에 동물을 놓아 본다. 제시4) 지역 별로 동물들은 무엇을 먹는지에 대하여 이야기 나누기
흥미 요소	동물이 사는 곳과 동물의 생김새, 울음소리를 듣거나 흉내를 내어 보는 것
실수정정	땅, 물, 하늘을 구분하지 못할 때

변형 확대 및 응 용	북극과 남극에 대한 VTR을 감상한다.	**지도상의 유의 점**
		대강 하늘, 땅, 도지 등으로 간단히 지도하는 것이 좋다
		관 찰 (아 동 평 가)
		동물이 사는 곳에 대하여 관심이 있는가?

활동(19)

주 제	물리적 지리(physical Geography) 교 통 수 단		대 상 연 령	3 - 6 세
교 구	다양한 교통수단의 그림카드, 탈것을 녹음한 테이프, 카세트, 찰 흙			
목 적	직 접	교통수단의 편리함과 고마움을 안다		
	간 접	더 빠르고 편리한 교통수단을 연구하는데 관심을 갖는다.		
선행학습	동물이 사는 곳			
언 어	동물이 사는 곳의 명칭			
교 구 제 시				

활동과정 (상호작용)	* 교통 기관에 대하여 음악을 들으면서 여러 가지 탈것의 소리와 흉내를 내어 본다. 제시1) -내가 타 본 교통기관에 대하여 이야기 한다. • 육지: 자동차, 승용차, 택시, 버스, 자전거. 오토바이, 달구지, 　　　말, 코끼리 • 바다: 여객선, 화물선, 보트, 유람선 등 • 하늘 : 여객기, 제트기, 전투기, 행글라이더(스포츠), 헬리곱터 - 가장 빠른 것은 무엇인가? - 가장 느린 것은 무엇인가 - 어느 것이 더 편리 할까? 제시2)미리 준비해 온 여러 가지 탈것의 그림을 오린다. -오려진 그림을 세 가지(하늘, 땅, 물로 분류하면서 이야기 한다 -공책에 여러 가지 탈것을 분류하여 붙여 본다. -육지, 바다 하늘에서 우리가 할 수 있는 일을 이야기 한다 예) 물 속: 잠수부, 해녀전복 따기, 수영하기""""
흥미 요소	다양한 탈것들을 찰흙으로 맞들어 본다.
실수정정	탈 것에 대한 의미를 모를 때

변형 확대 및 응　용	-땅, 육지, 바다에서 우리가 할 수 있는 일을 생각하여 이야기 한다. - 여러 가지 탈것에 색칠해 보기	**지도상의 유의 점**
		교통수단을 이용할 때 주의 점을 알게 한다.
		관 찰 (아 동 평 가)
		교통기관의 중요한과 고마움을 이야기 한다.

활동(20)

주 제	물리적 지리(physical Geography) 모래 지구본	대 상 연 령	3 - 6세
교 구	모래 지구본, 일반 지구 본		
목 적	직 접	지구표면의 기본 구성 요소인 땅, 물, 공기의 존재를 확인한다	
	간 접	지구본과 지도의 관계를 이해를 돕는다.	
선행학습	땅, 물, 공기		
언 어	모래 지구본		
교 구 제 시			

- 45 -

활동과정 (상호작용)	⦿ 모래 지구본 제시1) -아이가 지구본을 가져오도록 한다. -교사가 손가락으로 지구본의 거칠은 부분을 만지며 이곳을 '땅'이라고 해 너도 한번 만져 보겠니? -매끈거리고 파란 부분은 '바다'란다 -그러면 공기는 어디에 있을까? -교사가 손을 지구본 둘레에 대고 지구를 한 바퀴 돌려 본다. 제시2) -언어제시 거친 부분을 '땅'이라고 한단다. -작은 언어 카드에 '땅'을 써서 지도에 붙여보자 -작은 언어 카드에 '물'을 써서 지도에 붙여보자 -작은 언어 카드에 '공기'는 어떻게 할까요? 제시 3) -지구본의 땅의 넓이와 물의 면적 중에서 어느 것이 더 많은가? -움푹 파인 땅이 없다면 지구에 사람은 살지 못할 것이다 그 까닭은 물이 더 많기 때문이다.
흥미 요소	매끈한 면과 거칠은 차이를 느껴보는 것
실수정정	명칭 사용의 잘못이 있을 때

변형 확대 및 응용	카드에 물, 공기, 땅을 손수 써 보고 지구본에 붙여 본다.	**지도상의 유의 점**
		모든 생물은 맑은 공기를 마시고 살고 있음을 알게 한다.
		관 찰 (아 동 평 가)
		물, 공기, 땅이 지구 표면의 구성물임을 아는가?

활동(21)

주 제	물리적 지리(physical Geography) 대륙 지구본	대 상 연 령	6 - 9세
교 구	대륙지구본		

목 적	직 접	대륙과 대양의 기본 개념을 이해하는데 도움을 준다.
	간 접	세계지도 퍼즐 작업의 준비가 된다.

선행학습	모래지구본

언 어	대륙 지구본, 땅, 물, 공기

교 구 제 시	

활동과정 (상호작용)	◉ 대륙 지구본 -모래 지구본과 대륙 지구본을 비교해 본다. -각 대륙이 다른 색으로 구별됨을 보여 준다. -파란 색이 차지하는 부분과 육지가 차지하는 부분을 만져 본다. -두 개의 영역을 모두 포함하고 있는 부분은 육지와 바다이다. 제시1) -모래 지구본의 땅은 거칠다 색깔을 칠한 부분을 먼저 보면서 바다 부분 보다 더 살짝 위로 올라와 있음을 보고 느낀다. -바다 보다 땅은 높기 때문에 육지는 살짝 높이 만들었다. -지구본을 그렇게 만든 것이다.	
흥미 요소	각 대륙마다 색깔이 다르게 칠해 진 점	
실수정정	각 대륙의 색깔을 다르게 칠한 까닭을 모를 때	
변형 확대 및 응 용	둥근 지구의 지구본이 어떻게 지도가 되는가? 를 설명해 본다.	지도상의 유의 점
		대륙지구본과 모래 지구본을 함께 준비한다.
		관 찰 (아 동 평 가)
		대륙과 대양을 구분하여 이해하는가?

활동(22)

주 제	물리적 지리(physical Geography) 땅과 물의 형태	대 상 연 령	3 - 6세
교 구	찰흙, 모형 틀, 투명한 그 2개, 스펀지, 비이커, 모양, 칼, 파란 물 쟁반, 앞치마, 수건, 밤색 색종이		
목 적	직 접	땅과 물의형태에 대한 기본적인 이해를 한다.	
	간 접	지구의 다양한 지리적 상황을 이해한다.	
선행학습	땅, 물, 공기의 개념		
언 어	섬, 호수, 만(bay), 곶, 해협, 지협, 반도, 만(gulf)		
교 구 제 시			

활동과정
(상호작용)
	◉ 땅과 물의 형태
	- 육토를 만지면서 단단한 이것을 '땅"이라고 한다
	- 그릇 하나에 파란 물을 따라 보이며 이것을 '물' 이라고 해
	- 물과 땅은 따로 있지요?
	제시1)찰흙 자르기-자른 것을 빈 그릇에 옮기기--3단계 학습
	가)그림 꺼내 놓기
	나)반대 그림을 짝 짓는다
	다)세 부분 카드를 먼저 사용한 후 어려우면 다시 다)로 간다-
	라)그림과 언어를
	  짝짓기-정의 카드를 사용- (who am I? 활동도 곁들인다)
	마)땅과 물이 어떤 형태로 이루어 졌는지 알아본다.
	
	제시2)모형 틀을 이용하여 여러 가지 지형을 만든다.
	  1)**호수** - 가운데 찰흙을 떼어서 다른 그릇에 담고 물로 채운다.
	  2)**섬** - 만들어 보기 -물로 쌓여진 땅이 섬이다
	  3)**곶**- 곶을 만들어 보기-바다 쪽으로 짧게 나온 움푹한 땅
	  4)**만(gulf)**-만들기-**만(bay)**보다 크고 폭에 비해서 육지로 깊이 들어 간 바다
	  5)**지협** 만들어 보기-물과 물 사이에 생긴 땅 길
	  6)**해협** 만들어 보기-땅과 땅 사이를 흐르는 바다.
	제시3)색종이를 찢어서 지형을 만들어 보기

흥미 요소	땅과 물이 만든 또 다른 형태를 보는 것
실수정정	-물을 너무 많이 부을 때, -땅과 물의 비율이 맞지 않을 때

변형 확대 및 응 용		**지도상의 유의 점**
		지리에 대한 기초적 흥미를 갖게 한다.
		관 찰 (아 동 평 가)
		다양한 땅과 물의 형태를 이해하는가?

활동(23)

주 제	정치적 지리(Political Geography) 지구본과 지도	대 상 연 령	3 - 6세
교 구	1) 대륙지구본 ,명칭카드(7개 대륙의 명칭) 2) 지구본, 지도퍼즐, 비닐로 된 지구본 2개, 세계 모래지도 판		
목 적	직 접	1) 지구본이 지도가 되는 과정을 안다. 2) 지구 대륙의 명칭과 지구의 대양의 명칭을 안다.	
	간 접	1) 대륙과 대양의 개념을 이해 한다. 2) 지구의개념을 이해 한다.	
선행학습	땅과 물의 형태		
언 어	지구의 대륙과 대양에는 각각 이름이 있다.		
교 구 제 시			

활동과정 (상호작용)	제시1) 대륙 지구본 제시1) -지구본을 가져오게 한다 - 이것이 대륙 지구본이다. 　-색깔이 있는 곳을 땅이라고 해! 오늘은 몇 가지 색인지 알아 볼 　 거야(노랑, 빨강, 초록, 주황, 분홍, 밤색, 흰색) 　-분홍, 초록, 빨강 사이는 - 대서양 　 갈색, 노랑, 주홍, 분홍 사이- 태평양 　 인도양 상단 위치- 북극해 제시2) 구본과 지도(비닐 지구본) 　-오늘은 지구본을 지도처럼 만들어 한눈에 보고 싶구나! 　-비닐지구본에 칼집을 내어 반구를 만들 때 날짜변경선을 자른다. 　-잘라진 오세아니아와 세계지도에 붙어 있는 '오세아니아'의 아래 　 갈라진 부분은 실제로는 자를 수 없어서 모아서 붙여 놓은 거야 　-비닐 지구본이 한 장의 세계지도가 된 것을 본다. 　 둥근 지구를 한 눈에 볼 수가 없어서 지도로 만들어 보는 것이다. 　- 5대양 7대륙을 짚어본다 　 5대양의 7대륙의 이름을 써 본다.
흥미 요소	비닐 풍선 지구본을 오려서 펴 보면 세계지도가 되는 것
실수정정	반구를 제대로 자르지 못할 때

변형 확대 및 응　　용	각 대륙의 이웃 나라들을 알아 본다.	**지도상의 유의 점**
		지구는 여러 개의 큰 대륙(땅 덩 어리로 구성 되어 있음을 안다.
		관 찰 (아 동 평 가)
		지도를 이해하고 지구는 큰 대륙 과 대양으로 구성되었음을 아는가?

활동(24)

주 제	정치적 지리(Political Geography) 세계 지도 퍼즐	대 상 연 령	3 - 6세
교 구	세계지도 퍼즐		

목 적	직 접	6대륙 5대양의 이름을 안다
	간 접	자신이 속한 대륙을 알고 세계 속의 한 부분임을 안다

선행학습	지구본과 지도의 비교
언 어	세계 지도퍼즐
교 구 제 시	

- 53 -

활동과정
(상호작용)
	⊙5대양 7대주(대양과 대륙의 이름, 위치, 기온, 크기 인구 등, 학습)
	-5대양 지역 익히기(태평양, 대서양, 인도양, 남극해, 북극해)
	-7대주 지역 익히기(남아메리카 주, 아메리카 주, 아시아 주, 유럽주, 아프리카 주, 오아니아 주, 이외에 북극을 추가한다.
	-이것은 세계지도 퍼즐이라고(교구명칭 이야기 한다)
	  대륙 지구본에서 공부한 것 기억하니?
	-이것은 '아시아'야 하면서 내려 놓는다.
	-'아프리카' 라고 해 -'아메리카' 라고 해
	 한 대륙씩 3단계 교수법으로 지도한다.
	-명칭카드를 꺼내서 옆에 놓는다.
	-아시아 주를 꺼내놓고 같은 색 낱말카드를 매칭한다.
	-또 다른 퍼즐 꺼내고 낱말카드 매칭한다.(다른 주도 계속한다.)
	제시3) 땅-대륙 이라고 해
	       물-대양-부분으로 나누어 말한다.
	       공기(대기)라고 해요
	-부직포 위에 놓기 -모양 색깔 크기를 알게 된다.
	-남아메리카(분홍색 모래) -유럽(빨강 모자이크)
	-아프리카 주(초록색 칠) -오세아니아 (밤색 pin cutting)
	-아메리카 주(주황 색-부직포)	

흥미 요소	부직포로 대륙을 만들어 보는 것	
실수정정	대양과 대륙을 구별할 수 없을 때	

변형 확대
및
응용
	-세계지도 퍼즐 활동 순서
	1)정정판 먼저 만들기
	   파란색 원 부직포 2개를
	   노란바닥판에 올려놓기
	2)흰색 작업 판 원 부직포 2개 오려놓기
	3)대륙모양 색깔대로 오려놓기
	4) pin cutting-손으로 찍기, 가위로 오리
	5) 색 모래로 꾸미기를 한다.
		지도상의 유의 점

		학습량이 너무 많으면 두 시간으로 나누어서 진행한다.
		관 찰 (아 동 평 가)
		지구를 5대양 7대륙의 이름이가 있음을 아는가?

활동(25)

주 제	정치적 지리 (Political Geography) 세계 지도 퍼즐 **대륙의 감각적 탐구(문화)**	대 상 연 령	3 - 6세
교 구	각 대륙의 색과 같은 파일(7가지 색), 대륙별 특징을 나타내는 사진들		
목 적	직 접	다른 나라의 문화, 동물, 식물, 사는 모습, 의상 등으로 감각적인 인상을 갖게 한다.	
	간 접	다른 나라에 대한 탐구의 의욕을 심어 준다.	
선행학습	세계 지도퍼즐		
언 어	5대양 6대주의 명칭 들		
교 구 제 시			

- 55 -

활동과정 (상호작용)	◉각 대륙의 탐구<동물, 식물, 집, 의복, 음식, 춤, 악기 등> 제시1) -퍼즐에서 아시아대륙과 명칭카드를 살고 있는 동물을 늘어 놓는다. -북 아메리카 퍼즐을 놓고 명칭카드와 동물 카드를 놓고 주로 여기서 산다는 것을 소개 한다. -나머지는 여러분이 놓아 보세요. 제시2) 3부분 카드 -그림과 그림 밑의 이름을 보고 명칭카드를 메치시킨다. 제시3) -대륙조각의 각 대륙에 살고 있는 동물작업 -글자를 쓸 줄 아는 아이(3부분 카드) 만들기 -동물 챠트에 명칭키드 놓아보기 또는 이름을 쓰기 제시4) 위와 같이 계속하여 식물, 집, 의복, 음식, 춤, 악기 등을 위와 같이 진행을 한다.
흥미 요소	같은 대륙에도 여러 나라가 살고 생활상이 모두 다름을 이야기한다.
실수정정	대양과 대륙의 색상의 약속을 모를 때

변형 확대 및 응 용	◉늘어놓기(예) 아시아주 그림 - 명칭카드 유럽주 그림 - 명칭카드	**지도상의 유의 점**
		각 대륙의 색깔의 회일에 자료 사진을 모아 놓는다. (생활, 의 상, 집 동물 등)
		관 찰 (아 동 평 가)
		다른 나라의 생활상을 감지하는가?

활동(26)

주 제	정치적 지리(Political Geography) 세계 지도 퍼즐 **a.국가 이름. b.대륙 c.국기**	대 상 연 령	3 - 6 세
교 구	a: 대륙지도 퍼즐, 지도챠트, 각 국가의 명칭카드 b: 퍼즐 지도판, c: 다양한 국기 2세트, 자석 국기판과 국기 들, 진짜 모형국기 들		
목 적	직 접	a:각 대륙에 속해있는 나라들을 안다. b:지구상의 대륙의 위치를 감지한다. C:국가마다 그 나라의 상징인 국기가 있음을 안다	
	간 접	a:대륙 간의 위치와 관계를 이해한다. b,지구의 대륙을 구분지어 알 수 있다는 방법을 익힌다, c:각 나라의 상징인 국기를 알고 국기의 소중함을 안다	
선행학습	a.:각 대륙의 감각적 탐구, b:대륙별 나라이름 알기 c:인접한 수로와 대륙알기		
언 어	대륙별 나라 이름, 국기, 지도		
교 구 제 시			

활동과정 (상호작용)	제시1)a의 제시: 퍼즐을 빼어 정정판에 말하면서 종이위에 놓는다. 색깔크기가 다른 것을 꺼냈다가 놓는다. 제시2)b의 제시: -주변에 있는 대양과 대륙의 위치를 알아보고 아는 것을 말해본다. -인접한 대륙과 대양을 써 넣으면서 이야기 한다 -세계지도 퍼즐을 보이면서 이야기 한다.(모를 때) -위에는 북아메리카가 있어요 라고 하면서 써 넣는다.(계속) 제시3)c의 제시: -국기 짝 짓기 -국기 자석 -모형 국기판 ◉손가락 인형으로 각 국가의 의상, 언어 등을 연출한다.
흥미 요소	a:각 나라의 모양을 보는 것, b:지구본에서 국가의 경계를 보는 것 c:여러 나라의 국기 모양을 보는 것
실수정정	a: 나라 이름과 퍼즐을 맞추지 못하는 것. b: 지구본에서 대륙의 위치를 찾지 못하는 것 c: 교사가 제시한 나라와 국기의 짝짓기 오류

변형 확대 및 응 용	정정 챠트와 빈 챠트의 활용하여 국가이름 국기나 수도 이름의 짝 맞추기의 활동	**지도상의 유의 점**
		국가 이름은 한꺼번에 너무 많이 제시하지 않도록 한다.
		관 찰 (아 동 평 가)
		국기, 국가 대륙에 대한 정보 습득에 노력하였는가?

활동(27)

주 제	기능 지리 **지구와 태양계**		대 상 연 령	4~7세
교 구	• 지구본, 생일인 유아의 사진첩 • 지구와 태양의 복장 디자인 • 교실바닥에 색 테이프로 타원 모양으로 붙인다. (이 타원은 태양 주위에 있는 행성들과 지구 궤도 모양임)			
목 적	직 접	• 지구와 태양과의 관계에 관심을 갖는다. • 지구가 태양주위를 한 바퀴 도는데 1년이 걸린다는 것을 안다.		
	간 접	• 천체와 우주에 대한 호기심과 탐구심을 갖는다.		
선행학습	평소에 흙, 해, 땅, 별을 관찰하는 일			
언 어	태양, 지구, 태양계			
교구제시				

- 59 -

활동과정 (상호작용)	(지구와 태양) - 생일축하 잔치 촛불(불램프)과 지구본, 사진첩을 준비 하고 원 중앙에 초를 두고 불을 붙인다. • "이 촛불은 우리가 하늘을 쳐다보면 볼 수 있는 태양과 같다." "이 태양은 아주 커다란 불덩이로 계속 불타고 있다." - 지구본을 들고 태양계 근처를 천천히 걸으면서 설명한다. • "이 지구본은 우리가 살고 있는 지구이다. 지구는 태양 주위를 돈단다." "지구가 태양 주위를 도는 데에는 (1년)이나 걸린단다. - 생일을 맞은 유아의 이름을 불러 지구본을 주고 교사의 조금 전, 시범처럼 아이가 태양계 선에 선 후 미리 준비한 생일인 아이의 정보를 들려준다. • "오늘은 세희의 생일이다. 우리 모두 함께 재미있는 생일축하를 하자. 세희는 지구본을 들고 잠시 기다려라." "세희는 태양 주위를 이제 막 돌려고 한다. 세희는 아직 태어나지 않았다. 부모님은 세희가 잘 태어나기를 기다리고 있고 네가 태어날 때 도와주기위해서 의사, 간호사 님 들이 기다리고 계셨다 " - 생일 맞은 어린이의 이름을 불러 한 발자국 내딛게 한다. "이제 막 세희가 태어났다. 2004년 3월 23일야. 부모님은 너를 아주 자랑스럽게 여겼고 할머니와 할아버지도 손녀를 끔찍이 사랑하셨다. 이것은 네가 태어났을 갓난아기 때의 사진이다." • "세희야, 선을 따라 태양주위를 걸어갈 수 있겠니?" - 출발지점에 다시 돌아왔을 때 잠깐 멈추게 하고 생활사를 들려준다. • "지금 세희는 지구를 한 바퀴 돌았지? 이제 세희는 한 살이 되었다. 이때 가족들은 그의 첫 생일인 첫 돐을 축하해 주었다. 아장아장 걸을 수도 있게 되었지" - 세희가 출발지점에서 다시 돌게 하고 한 바퀴 돌때마다 잠깐 멈추게 하고 어린이의 생활사를 들려준다. 사진도 함께 보여준다.(교사: "이제 세희는 두 살이 되었다. 이때는 가족들 간단한 말을 주고받을 수 있게 되었지" - 양을 3-5번째 돌 때까지 계속 어린이의 생활모습에 대한 말을 해 준다. • "이제 세희는 다섯 살이 되었다. 오늘은 세희의 생일이다." - 지구는 태양 주위를 5바퀴 돌았다. 그래서 네가 태어난 이후 5년이 지나 갔단다."
흥미 요소	생일축하 잔치
실수정정	각 행성을 도는 횟수가 어린이의 생일과 틀릴 때

변형 확대 및 응 용	• 밤에 망원경으로 밤하늘을 관찰한다. • 우주에 관한 동영상을 보여준다. • 천체 관을 견학한다.	**지 도 상 의 유 의 점**
		생일 맞을 어린이의 부모에게서 정보(출생지, 소개할 만한 가족사, 좋아하는 것 등)를 미리 듣고 자료를 만들어 활용한다.
		관 찰 (아 동 평 가)
		태양 주위를 지구가 일정한 궤도상에서 도는 것을 아는가?

활동(28)

주 제	기능 지리 우주 놀이	대상 연령	6~7세
교 구	• 태양과 9개의 행성, 달, 혜성 등의 모형(스티로폼 공)세트 • 우주의 모습을 담은 사진이나 그림(가능한 큰 사이즈로 준비)			
목 적	직 접	• 행성은 태양 주위를 회전한다는 것을 안다. • 달이 지구 주위를 회전한다는 것을 안다.		
	간 접	천체와 우주에 대한 호기심과 탐구심을 갖는다.		
선행학습	지구, 달, 태양, 행성			
언 어	태양, 지구, 수성, 금성, 화성, 목성, 토성, 천왕성, 해왕성 명왕성, 행성, 혜성, 달, 태양계			
교 구 제 시				

활동과정
(상호작용)
	<제시1> 태양, 지구, 달 모형을 준비한다.
	- 3명의 유아를 불러서 한 유아는 태양모형을 가지고 타원의 중앙에 선다.
	- 한 유아는 태양 모형, 다른 한 유아는 지구의 모형을 들고 궤도걷기)
	- 세 번째 유아는 달 모형을 들고 지구의 주위를 돌아본다.
	- 태양, 지구, 달 모형을 든 어린이는 각 궤도를 서서히 차례대로 걸어 본다..
	  • "지구는 태양 주위를 돌고 달은 지구 주위를 돈 단다"
	
	<제시2> 태양계
	- 교실의 지구, 태양, 향성, 혜성 모형을 가지고 실외놀이 영역으로 나간다.
	- 약 10명의 어린이를 불러 몸동작을 통해 우주를 설명.(특별한 우주의 춤추기)
	- 한 유아에게 태양모형과 지구모형을 주고 태양과 지구를 설명한다.
	- 태양과 멀리 떨어진 곳에 지구유아를 서게 하여 2개의 행성궤도에 맞게 돈다
	- 다른 어린이에게 수성 모형을 주고 태양에서 제일 가까운 궤도에 가서 서게 한다.
	  • "태양에 가장 가까운 행성이 수성이다, 수성은 작고 빠른 속도로 돈다."
	    "지구, 수성 이외에 8개의 다른 행성이 태양 주위를 돈다."
	  • 행성을 든 어린이가 모두 제자리에 서면 태양계에 대해 다시 설명한다.
	  • 태양계 9개의 행성(수성, 금성, 지구, 화성, 목성, 토성, 천왕성, 해왕성, 명왕성
	
	제시3)2명의 어린이에게 혜성 모형을 주면서 설명한다.
	  • "행성처럼 작고 얼음처럼 된 혜성은 태양과 아주 멀리 떨어져 돈다."
	    "그러나 몇 십 년 만에 한 번씩 행성궤도로 나타난다."
	- 태양궤도를 가로지르는 타원형 궤도를 소개(태양계 놀이)
	- "각 행성은 태양의 주위를 계속해서 돈다. 혜성은 가끔 나타났다가 사라져 버린다. 우리가 상상할 수 없을 정도로 멀리 떨어져 있는 것들이 별들이란다."
	- 구스타프 홀스트(Gustav Holst)의 웅장한 톤의 'The Planets(행성)' 영화 'Zools'의 서곡과 같은 음악을 들려주며 놀이한다.

흥미 요소	태양계 놀이를 하는 것
실수정정	각 행성을 맡은 어린이가 자기 궤도를 이탈했을 때

변형 확대 및 응 용	• 밤에 망원경으로 밤하늘을 관찰. • 우주에 관한 동영상을 시청 • 천체 관의 견학.	**지 도 상 의 유 의 점**
		태양계에 관심을 갖도록 놀이를 재미있게 한다.
		관 찰 (아 동 평 가)
		태양계의 행성에 대하여 관심을 갖는가?

3. 동물학

활동(29)

주 제	동물학(Animal) 생물과 무생물	대 상 연 령	3 - 6세
교 구	생물/무생물 구체 물. 생물/ 무생물의 사진, -구체물이 들어 있는 바구니 (사과. 나무, 꽃, 동물, 연필, 지우개, 풀		
목 적	직 접	분류활동, 과학학습의 기초, 호기심 탐구력의 발달	
	간 접	생물과 무생물의 구별, 차이점, 특성 알기	
선행학습	동물 / 식물에 대한 기본 철학		
언 어	생물과 무생물		
교 구 제 시			

활동과정 (상호작용)	◉생물과 무생물 제시1) 첫 번째 활동(실물로 제시) -현장 학습 중에 생물과 무생물에 대한 경험을 확인시킨다. -살아 있는 것과 살아있지 않은 것을 실물로 가져 온다. -산 것과 살아 있지 않은 것의 다른 점을 이야기 한다. 제시2)생물 / 무생물의 명칭카드 분류하기 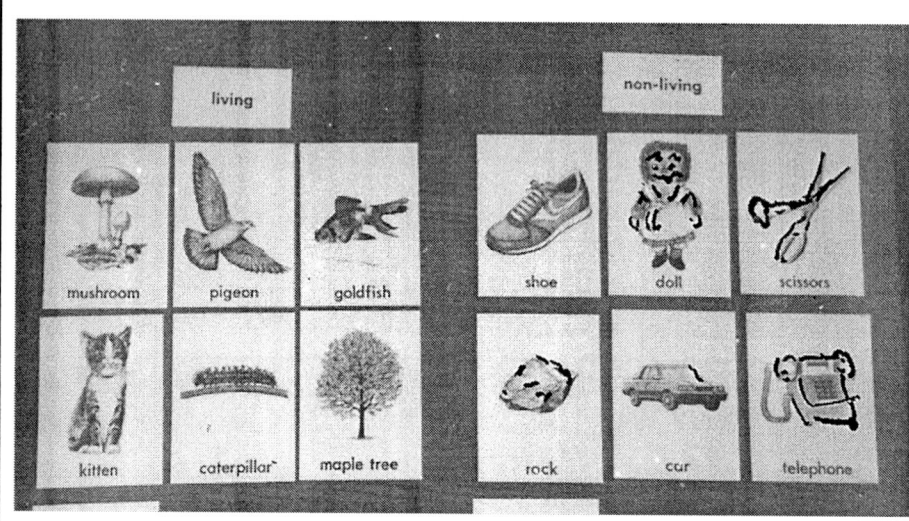 -생물의 특징: 움직인다. 먹는다. 번식한다, 자란다.
흥미 요소	생물의 특성인 스스로 움직이는 것을 보는 일
실수정정	생물과 무생물을 분간하지 못할 때

변형 확대 및 응 용	-구체물과 사진 혹은 그림카드를 만들게 하여 작업을 한다 -생물과 무생물의 소책자를 만든다. -전시회 열기	**지도상의 유의 점**
		교실의 환경에 '생물/무생물'명칭 붙이기
		관 찰 (아 동 평 가)
		생물과 무생물의특징을 알고 구별할 수 있는가?

활동(30)

주 제	생물의 분류(classification of the living world)	대 상 연 령	5 - 6세
교 구	무핵 생물, 유핵 생물 각각의 명칭이 씌인 카드, 그림카드 오류 정정 카드, 그림카드, 등		
목 적	직 접	과학자들은 동물과 식물을 여러 가지로 분류했음을 안다.	
	간 접	생물을 이해하는데 기초를 쌓는다.	
선행학습	생물과 무생물		
언 어	무핵 생물, 원핵생물		
교 구 제 시	- 5대 왕국 참조 - (5)식물계 4)동물계　　　　　　　(3)균류 (2)원생생물계 (1)원핵 생물계		

활동과정 (상호작용)	◉생물의 분류 아이의 수준에 따라 유핵 생물과 무핵 생물에 대하여 이야기 한다. 제시1)무핵 생물(세포내에 핵이 없다) 제시2)유핵 생물(원핵 생물계 원생생물, 균류, 동물, 식물 등은 중심에 핵이 있다) (1)원핵생물계; 세포가 하나이고, 세포가 흩어져 있으며 막이 없다. 양분을 만들고 밖으로 부터 영양을 취한다. (2)원생생물계: 지구에 나타난 최초의 생물 단세포인 것도 있고 여러 개인 것도 있다. 핵이 존재하고 분열법으로 번식하며 대부분 물에 산다. 원생생물군, 미역 등의 말류 (3)균류: 단순하고 초록색이 없다. 엽록소가 없거나, 있어도 충분하지 않아 스스로 영양분을 만들 수 없다. 균류들은 음식을 몸 안으로 끌어 들여 효소로 분해해서 흡수 한다. 균류는 식물의 뿌리나 잎에 붙어서 기생한다.(예-버섯류) (4)동물계; 다세포로 이루어져 있고, 각각의 세포에는 진핵이 있다. 신경계가 있고 근육이 발달되어 있다. 다른 생물로부터 음식을 취한다. (5)식물계; 진핵을 가진다. 세포의 조직체 많은 식물들은 엽록소를 가지고 스스로 영양분을 만들지만 그렇지 않은 식물의 종류도 있다. 초.색 말류에서 유래가 되었다.
흥미 요소	생물계를 특징별로 묶어 놓은 것
실수정정	분류의 의미를 알지 못할 때

변형 확대 및 응 용	다섯 가지 생물계의 이름을 쓴 카드를 들어서 다섯 가지의 분류 명칭을 익힌다.	**지도상의 유의 점**
		유아에게는 생소할지 모르지만 유아수준에 맞게 그러나 진지하게 소개한다.
		관 찰 (아 동 평 가)
		생물에는 여러 가지 가족이 있음을 이해하는가?

활동(31)

주 제	생물의 5 왕국	대 상 연 령	5 - 6세
교 구	그림카드, 명칭카드, 정정판		
목 적	직 접	생물의 5대 왕국에 관심을 가진다.	
	간 접	생물의 5왕국을 중심으로 생물의 영역별 특성에 관심을 가진다.	
선행학습	생물의 분류		
언 어	생물의 5왕국		
교 구 제 시	(생 물 계) 균 류, 식물계, 동물계 원 생 생 물 원 핵 생 물		

활동과정 (상호작용)	●생물의 5왕국의 학명 알아보기(수업을 위한 정보) **(생 물 계)** **균류, 식물계, 동물계** 원 생 생 물 원 핵 생 물 ●동물계의 학명 알아보기) 무핵, 유핵에 있어서 핵막이 있느냐? 없느냐? 에 따라 분류를 한다 무핵생물-핵은 있어도 핵막이 없고, 유핵생물-핵과 핵막이 모두 있다. 단, -식물 중에 원핵 생물이 한 개 있으므로 살짝 겹쳐 놓는다 -동물 중에 한 개(해면동물)가 원생생물에 속해서 살짝 겹쳐 놓는다. ●식물계의 학명 알아보기 **(식 물 계)** **무관계 식물 유관계 식물** 우산, 이끼 **씨가 없는 식물 종자식물** 붕어마름 고사리 속씨식물 (꽃이 있다.) 이끼류 외떡잎 쌍떡잎 ●기타 동물분류 (분류 체계가 아닌) 1)점무늬 생물과 줄무늬 생물 -점무늬 생물-무당벌레, 바나나, 개구리, 참새, 치타 등 -줄무늬 생물- 말, 나리꽃, 코날 뱀, 엔젤 휘시, 나비, 호랑이 등 2)다리가 두 개 인 것과 네 개 인 것 3)날개가 있는 동물과 없는 동물 등으로 분류를 한다.
흥미 요소	동물의 세계는 매우 큰 왕국임을 느낀다.
실수정정	동물과 식물을 구분하지 못하는 것
변형 확대 및 응 용	동물 잡지를 가지고 다양한 동물들을 오려보고 나름대로분류의 기준을 정하여 분류놀이를 한다.	**지도상의 유의 점** 동물과 식물의 이해를 위하여 교사는 분류 챠트를 미리 준비한다. **관 찰 (아 동 평 가)** 동물의 가족들에 대하여 관심을 가지는가?

활동(32)

주 제	동물계 동물과 식물		대 상 연 령	3 - 6세
교 구	동, 식물의 구체 물과 그림 사진, 자료를 담은 바구니. 척추/무척추 동물의 그림카드. 1벌			
목 적	직 접	기초과학의 토대를 마련하고 호기심과 탐구력을 기른다. 분류능력을 기른다.		
	간 접	동물과 식물을 구분할 수 있고 공통점과 차이점을 안다		
선행학습	동물의 5왕국			
언 어	동물, 식물. 종(동/식물의 종)			
교 구 제 시				

활동과정 (상호작용)	⦿동물과 식물 제시 1)첫 번째 활동: 실외 활동 - 동·식물의 관찰 활동 여러 가지 동식물의 관찰 -본 것을 그려서 전시하기, 이야기 나누기 제시 2)계속되는 활동(교실에서의 활동) -구체 물을 담은 바구니를 메트 가까이에 놓는다. -동·식물의 그림카드와 종을 대표할 수 있는 종의 그림카드가 담긴 바구니를 가져온다.(산호, 해면과 같이 혼동되는 종은 피한다) -동·식물의 명칭카드, 척추동물, 무척추동물도 1-2개 준비한다. -동·식물의 명칭 카드를 보고 읽는다. -동·식물의 분류시에는 아이들과 먼저 약속기준을 정한다. -이 전 시간의 학자의 분류가 아닌 시각적인 분류를 참조하여 진행한다.
흥미 요소	동물은 스스로 움직이면서 살아가고, 식물은 움직이지는 못하지만 자연과 인간의 도움으로 살아가고 종을 맺는다는 것.
실수정정	생물/무생물 도는 동물과 식물의 용어를 혼돈하여 부를 때

변형 확대 및 응 용	1차적으로 생물과 무생물을 분류한다. 다음으로 생물을 다시 동/식물로 분류한다.	지도상의 유의 점
		유아들에게 교실내의 동/식물에 이름을 서서 붙이도록 한다.
		관 찰 (아 동 평 가)
		생물과 무생물, 동/식물의 분류를 할 수 있고 용어를 바르게 칭할 수 있는가?

활동(33)

주 제	-동물계- 척추동물과 무척추 동물	대 상 연 령	3 - 6세

교 구	척추동물/무척추 동물의 그림카드(5-6장 정도)		

목 적	직 접	기초과학의 호기심과 탐구력이 발달한다. 분별력 발달, 어휘증진을 기한다.
	간 접	척추동물/ 무척추동물의 차이점을 알고 구분을 할 수 있다

선행학습	동물의 5왕국, 동물과 식물

언 어	척추동물, 무척추 동물, 척추

교 구 제 시	

활동과정 (상호작용)	⊙ 첫 번째 활동 　실외에서 가능한 범위에서 실시하는 것이 좋다. 그러나 어려운 경우는 실내에서 한다. ⊙ 실지로 척추동물의 척추를 보거나 만져 본다. 　사람, 생선, 강아지, 소, 말, 호랑이, 사자, 여우, 늑대 등 ⊙ 계속되는 활동(교실에서의 활동) 　척추동물과 무척추동물의 그림카드 　척추동물과 무척추동물의 명칭카드 놀이 　분류와 이야기 나누기 　척추가 있는 것과 없는 것의 차이를 이야기 한다. ⊙ 척추의 역할에 대하여 이야기를 나눈다. 　-척추를 다치게 되면 어떻게 될까요? 　-바른 자세를 가지는 것이 왜 좋을까요? 　-소책자 만들기 계획
흥미 요소	친구들과 서로의 척추를 만져 보는 일
실수정정	척추의 의미를 인지하지 못할 때

변형 확대 및 응　용	수업에 활용된 카드 외의 그림카드를 준비하여 또 다른 그림카드들을 준비하여 놀이를 한다. 소 책자를 만든다.	**지도상의 유의점**
		척추의 중요성을 인지시킨다.
		관 찰 (아 동 평 가)
		척추/무척추 동물의 특징을 이해하는가?

활동(34)

주 제	-동물계- 동물에 대한 정보		대 상 연 령	3 - 6세
교 구	동물의 그림 카드, 각 동물에 대한 사실적인 설명, 대륙퍼즐			
목 적		직 접	동물에 대한 자세한 정보를 알게 한다. 각 대륙에 살고 있는 동물을 알 수 있다.	
		간 접	읽기의 준비와 이해력의 향상을 기한다. 대륙의 위치를 인지한다.	
선행학습	동물, 식물			
언 어	정보			
교 구 제 시				

활동과정
(상호작용)
	⦿동물에 대한 정보
	- 교구장에서 각 종(class)의 그림카드 한 장씩. 설명카드, 명칭 카드를 가져온다.
	-첫 번째 제시: 그림과 명칭의 짝짓기
	교사가 동물의 그림카드를 내밀면서 "나는 이렇게 생겼답니다. 무엇일까요?" 유아: "그것은 호랑이입니다"
	명칭카드들 중에서 호랑이 카드를 들어서 보인다.
	-두 번째 제시: 그림 명칭 그리고 정의 카드의 짝 짓기
	나는 산에서 왕자라고 부르는 네 다리가 달린 짐승이랍니다.
	나는 무엇일까요?(이렇게 정보를 먼저 듣고 명칭을 알아 맞추기
	(명칭을 먼저 듣고 정보를 나누는 게임이다)
	-세 번째 제시: 자신의 동물 사전 만들기
	    a, 잡지에서 오리기
	    b, 사전을 이용하기
	    c 그림으로 그리기
	
	⦿각 대륙의 동물
	  대륙 지도 퍼즐, 각 대륙의 명칭 카드, 그림 카드
	a. 첫 번째 제시: 대륙지도 퍼즐과 그림 카드
	b. 두 번째 제시: 대륙퍼즐과 명칭 카드, 그림카드

흥미 요소	동물에 대하여 알고 있는 것들을 서로 이야기 나누는 일
실수정정	동물의 정보를 충분히 듣고도 명칭을 바르게 대지 못할 때

변형 확대 및 응 용	알고 있는 동물의 명칭 카드를 먼저 만들고 정보 카드를 만들어 친구들 앞에서 안내하는 시간을 갖는다.	**지도상의 유의 점**
		동물에 대한 정보를 여러 체인에서 얻어 오도록 한다. (가족으로부터, 도서에서, 정보 매체 등)
		관 찰 (아 동 평 가)
		동물에 대한 확실한 정보를 수집해 왔는가?

활동(35)

주 제	-동물계- **동물의 특징**		대 상 연 령	3 - 6세
교 구	각 종(class)의 카드세트(그림카드, 명칭카드, 정의카드, 벽(wall)챠트 각 종(class) 퍼즐, 관련된 책이나 비디오, 각종 자료들.			
목 적	직 접	척추동물을 특징을 이해한다.		
	간 접	전체적인 분류의 이해를 돕는다.		
선행학습	동물에 대한 정보			
언 어	분류			
교 구 제 시				

활동과정 (상호작용)	◉ 척추동물의 분류 　-여러분의 목 뒤부터 만져 보세요(목에서 등 뒤 엉덩이 쪽까지) 　　이것을 '등뼈'라고 해요. 등뼈는 우리 몸을 꼿꼿하게 세워주지요 　-생명의 타임라인을 제시한다. 　　척추동물은 어느 시대부터 출현했나요?(중생대) *동물계 　-동물학자들은 가장 큰 부분을 '계'라로 분류했고 그 다음으로 　　'문'으로, 그 다음을 '강' 등으로 분류했다. 　-계=동·식물 문=척삭 동물, 강= 어류, 조류, 양서류 파충류, 포유류 　-모든 동물 중에서 절지동물의 수가 가장 많다. *확장 　-나는 누구일까요? 만들기/ 미술 작업하기 　-동물을 선택하고 한 살이를 만들어 보기(개구리) 　-알의 관찰(조류) 　-바다 포유류(Sea Mammals)도 분류해 보기　-해부하기 *척추동물의 내부 구조 　-3-6세의 제시는 감각적인 교구로만 제시한다. 　-피부, 털게, -번식, -뼈대, -호흡, -순환 - 동물에 대한 내부, 외부 기관의 영상 자료를 본다.
흥미 요소	다섯 가지의 동물에 대하여 정보를 듣는 일
실수정정	다섯 가지의 동물의 분류 명칭을 혼돈할 때

변형 확대 및 응　　용	다섯 가지의 동물 명칭과 그림을 짝짓기를 한다.	**지도상의 유의점**
		동물의 척추에 대한 영상자료를 준비한다.
		관 찰 (아 동 평 가)
		척추동물의 특징을 이해하는가?

활동(36)

주 제	-동물계- 척추동물의 분류		대 상 연 령	3 - 6세
교 구	타임라인, 동물의 5개영역의 강의 챠트(생명의 나무), 8가지의 강의 가족들을 이해한다.			
목 적	직 접	척추 동물의 강을 분류할 수가 있다.		
	간 접	동물의 가족을 이해할 수가 있다.		
선행학습	계, 문, 강, 목 등의 동물의 분류단계가 있는 것			
언 어	타임라인, 척추동물, 무척추 동물, 계, 문, 강			
교 구 제 시	그림 모아 붙이기 1.어류(Fishes) 2.양서류(Amphibians) 3.파충류(Reptiles) 4.조류(Birds) 5.포유류(Mammals)			

활동과정 (상호작용)	◉ 척추동물의 분류(타임라인에서 먼저 본다.) : 1)아가미로 숨을 쉰다, 2)지느러미로 움직인다. 3)피부는 비늘로 덮혀 있다. 4)깨끗한 물에서 산다. 5)물고기, 금붕어 등이다. 6)골격 구주를 이룬다. 2.양서류(Amphibians): 1)두 개의 다른 삶을 산다. 2)물속에서는 아가미로 호흡한다. 3)땅위에서는 폐로 호흡한다. 4)부드럽고 축축한 피부를 가지고 있다. 골격 구조를 가지고 있다. 6)개구리, 도룡농, 두꺼비 등이 있다. 3.파충류(Reptiles): 1)땅에서 알을 낳는다. 2)알은 매우 단단하다. 3)피부는 거칠고 건조한 4) 껍질이 단단하다. 5) 폐로 숨을 쉰다. 6) 악어, 거북이, 뱀, 도마 뱀 등이다 4.조류(Brids):1)피부 덮게로 털을 가지고 있다. 2)알을 낳아 번식하고, 알의 껍질은 얇다. 3)머리를 많이 움직일 수 있다. 4)부리는 먹는 환경에 따라 각기 다르다. 5)날개를 이용해서 움직인다. 6)파랑새, 타조 오리, 제비, 참새 등이다 5.포유류(Mammals): 1)새끼를 낳고 독립 할 때까지 돌본다. 2)피부를 보호하는 털이 있다. 3)온혈동물이며 젖을 먹여 새끼를 키운다. 4)이빨을 거지고 있다. 5)골격구조로 형성되어 있다. 6)사람, 말, 개, 소, 돼지 등이다. ◉ 제시 -어류, 양서류, 파충류, 조류, 포유류의 다섯 가지 (강)의 명칭을 매트에 놓고 해당된 동물그림을 함께 놓으면서 다양한 정보를 이야기한다. -나는 누구일까요? 동물의 정보 제시 -쉬운 정보에서 어려운 정보로 이어 간다. -가까운 주변 정보에서-먼 나라 동물 정보로 진행한다. -정보들을 문장화 한다(예: 나는 물을 먹지 않아요. 낮잠을 자요.
흥미 요소	척추동물을 다섯 가지로 분류해 보는 일
실수정정	물의 다섯 분류 명칭을 인지하지 못할 때

변형 확대 및 응 용	다섯 가지의 동물의 정의 카드를 만든다.	**지도상의 유의점**
		백과사전을 보는 방법을 소개 한다
		관 찰 (아 동 평 가)
		무척추 동물의 특징을 이해하고 그 가족들이 있음을 아는가?

활동(37)

주 제	-동물계- 무척추 동물의 분류	대 상 연 령	3 - 6세
교 구	무척추동물의 분류 챠트, 영상자료, 백과사전		
목 적	직 접	동물의 8가지의 강의 이름을 알고 문 끼리의 가족을 알아본다.	
	간 접	동물과 자연을 사랑하는 마음을 갖는다.	
선행학습	동물의 계, 척추동물의 문,		
언 어	계, 문, 강, 목		
교 구 제 시	그림 모아 붙이기 1)해면동물 문, 2)강장 동물문 3)편형동물 문, 4)선형동물 문, 5)환형동물 문, 6)절지동물 문 7)연체동물 문 8)극피동물 문		

활동과정 (상호작용)	● 무척추 동물의 분류 -아이들이 직접 손이나 눈으로 경험하게 한다. -시각적 짝 맞추기 활동을 시작한다. -어휘 활용: 그림카드와 명칭카드동물에 대한 다양한 사실을 기준으로 분류하기 -무척추동물의 문: 무척추 동물은 '강의 단계의 분류가 없고 '문'으로 분류됨에 유의한다. 1)해면동물 문, 2)강장 동물문 문, 3)편형동물 문, 4)선형동물 문, 5)환형동물 문, 6)절지동물 문 7)연체동물 문 8)극피동물 문 -서로 상이점이 많은 문으로 시작을 한다. 예) 해면동물/ 절지동물/ 연체동 이상 세 가지가 익숙해지면 다른 문을 추가하여 8가지 문을 서서히 학습을 한다. -절지동물의 문은 다시 4개의 강으로 나누게 된다. -절지동물의 문중에 곤충류 /만은 다시 7개의 목으로 심층 분류된다.
흥미 요소	무척추 동물은 '문'으로 시작 되는 것
실수정정	척추/ 무척추 동물의 구분이 혼동할 때

변형 확대 및 응 용	무척추 동물의 명칭카드 만들고 읽어보기	**지도상의 유의 점**
		계, 문, 강, 목 등으로 분류하는 이유를 간단히 알려 준다.
		관 찰 (아 동 평 가)
		무척추동물의 문의 종류를 아는가?

활동(38)

주 제	무척추 동물 1. 해면동물	대 상 연 령	3 - 6세
교 구	해면동물의 그림 카드, 영상자료, 백과사전		
목 적	직 접	해면동물의 특징과 생김새를 안다.	
	간 접	해면동물은 식물 같지만 동물임을 이해한다.	
선행학습	무척추 동물의 분류		
언 어	해면동물		
교 구 제 시			

- 81 -

활동과정 (상호작용)	◉ 해면동물 (수업을 위한 정보) -아래의 해면동물에 대한 정보는 교사가 미리 알고 있어야 할 내용을 간단히 제시하였으므로 수업을 계획에 참고할 내용이다. -해면동물은 원시적인 다세포 동물이며 조직구성이 없다. -구멍으로 가득 차 있고 모양은 주머니와 같다 구멍을 가지고 있다는 뜻에서 어원이 왔다. 스펀지(Sponge)가 여기에 속한다. -해면동물의 부분 1.몸-꽃병의 모양이며 2개의 채벽으로 이루어졌고 안은 비어있다. 2.압수공- 물이 들어가는 구멍 3.침상체: 바늘과 같이 생겼으며 단단하고 몸을 지탱하게 한다. 4.출수공: 물이 빠지는 구멍인데 물을 흡수해서 위로 내 뿜는다. <참고> 옛날 과학자들은 이 스펀지를 식물이라고 생각을 했다 스펀지는 바다의 속 바닥에 붙어서 살고 있기 때문이다. 그러나 많은 연구를 거듭해서 스펀지가 동물에 속하는 것을 알아냈다. 스펀지를 찾아다니는 어부도 있다. 잡을 때는 다양한 색-초록, 보라, 오렌지, 분홍, 빨강 등을 가지고 있지만, 말리고 나면 노란색으로 모두 변한다. -해면동물인 스펀지의 실험 염색물 이용: 같은 색의 물이 들어갔다 나갔다 한다.
흥미 요소	스펀지 속으로 물이 들어갔다 나갔다 하는 것
실수정정	해면동물과 인공 스펀지를 구별하지 못할 때

변형 확대 및 응 용	해면동물의 세 부분 카드를 만들고 설명해 본다.	**지도상의 유의 점**
		실제로 해면동물을 준비해서 물에 넣어서 제시한다.
		관 찰 (아 동 평 가)
		해면동물의 생김새를 이해하는가?

활동(39)

주 제	무척추 동물 2. 강장 동물		대 상 연 령	3 - 6세
교 구	강장 동물. 영상자료, 백과사전			
목 적	직 접	강장동물의 특징을 알고 동물을 사랑하는 마음을 가진다.		
	간 접	무척추 동물의 특징을 안다.		
선행학습	해면동물			
언 어	강장동물			
교 구 제 시				

활동과정 (상호작용)	◉강장동물: (수업을 위한 정보) 　동물에 살고 있고, 텅 빈 몸통을 가지고 있다. 　간단한 소화기능을 가지고 있고 그것은 배 쪽에 있다. -아름다운 색을 띠고 쏘는 기능(가시)을 가지고 있어서 위험하다 　강장동물이 물속에서 살면서 해야 할 일은 정화작업 해파리, 말미잘, 산호 등이 여기에 속한다. ◉강장동물의 부분 1.몸: -속이 비어있고, 역시 주머니 모양이다 　　　-2개의 세포층이 있고 그 사이에 젤리가 들어 있다. 　　　-먹이를 소화시키는 장소. 　　　-원기둥 모양이 대부분이고 해파리는 우산 모양이다. 2.촉수: -길고 가느다란 촉수가 있다. 입 주변에 있다. 　　　-안이 비어 있고 어느 방향으로든지 움직일 수 있다 　　　-먹이를 몸 안에 넣는 역할을 한다. 3.자세포: -달걀 모양의 쏘는 세포　　-촉수의 바깥부분에 형성 　　　-독소를 가진 줄을 가지고 있어 옆에 동물의 접근을 금한다. 살생의 독소는 아니고 단지 마비만 시킨다. 4.입: 먹이를 넣는 구멍 　<참고>-형태, 색, 크기가 다양하다.　　-촉수는 그다지 크지 않다 　　　-딱딱하고 움직임이 적어 죽은 것으로 보이지만 산호 역시 　　　-독소를 가지고 있고, 상처도 내게 된다.
흥미 요소	강장동물의 생김새
실수정정	강장동물 특성을 인지하지 못할 때

변형 확대 및 응　용	강장동물의 세부분 카드로 만들고 설명을 해 본다.	지도상의 유의 점
		강장동물의 생김새의 특성을 그려보게 한다.
		관 찰 (아 동 평 가)
		강장동물의 특성을 아는가?

활동(40)

주 제	무척추 동물 3. 편형동물	대 상 연 령	3 - 6세
교 구	편형동물에 관련한 그림 및 정보, 영상자료, 백과사전		
목 적	직 접	편형동물의 특징과 생활 방법에 관심을 가진다.	
	간 접	편형동물의 생김새를 알고 동물을 보호하는 마음을 가진다.	
선행학습	강장동물		
언 어	편형동물, 몸, 안점, 섬모, 입, 배설 강		
교 구 제 시			

활동과정 (상호작용)	◉ 편형동물: (수업을 위한 정보) - 편편한 동물이라는 말에서 나왔는데. 지렁이처럼 생겼다 - 편형 동물의 챠트를 펼쳐 놓는다. 1) 몸: 부드럽고 가냘프다 머리 부분은 삼각형이, 리본같이 생겼다고 이야기 한다. 반으로 자르면 내부, 외부가 대칭이다.(좌우 대칭이 되는 동물) 3부분- 피부, 근육질, 소화기관으로 나눈다. 2) 안점; 등의 안쪽에 있다. 빛에 반응하나 상을 맺지 못한다. 3) 섬모: 움직이기 위해 섬모를 이용한다. 　털처럼 생겼고 피부로도 움직인다. 4) 입: 구멍으로 되어있고 몸의 바로위에 붙어 있다. 　　　관(안두)이 나와서 먹이를 먹는다. 5) 배설강: 항문은 없지만 온 몸에 구멍이 있어 배설한다. 작아서 눈으로는 볼 수 없다. 6) 체절과 항문이 없다 <참고>편형동물의 한 살이-동물이나 사람의 배설물에서 섞여 나온 후 다시 동물이나 사람 몸에 들어간다.
흥미 요소	편형동물의 생김새
실수정정	편형동물의 몸체의 명칭을 혼돈할 때

변형 확대 및 응　용	편형동물의 한 살이를 카드로 만들어 설명한다.	**지도상의 유의점**
		편형동물에 관련한 영상이나 백과사전을 준비한다.
		관 찰 (아 동 평 가)
		편형동물의 생김새에 이해하는가?

활동(41)

주 제	무척추 동물 4.선형동물(문)	대 상 연 령	3 - 6세
교 구	선형동물에 대한 그림 자료 및 영상자료		
목 적	직 접	선형동물에 대한 간단한 정보를 안다.	
	간 접	동물에 관심을 가지고 자연을 보호하도록 한다.	
선행학습	편형동물		
언 어	선형동물(문)		
교 구 제 시			

활동과정
(상호작용)
	◉선형동물(문) (수업을 위한 정보)
	
	-오늘은 선형동물에 대해서 알아보자
	 선생님이 준비해온 그림사진과 백과사전을 놓고 알아본다.
	
	-모양: 전체적으로 볼 때 입체적이며 둥근모양이다.
	       체절이 없으며 줄, 실 이라는 뜻을 가지고 있다.
	    예) 회충, 십이지장충, 편충 등이 여기에 속한다.
	
	-사는 곳: 바다 또는 깨끗한 물, 땅에서도 산다.
	         동물이나 식물에 기생해서 산다.
	
	-선형동물의 부분:
	 1)몸: 부드럽다
	 2)입: 소화기가 시작되는 부분이며 아주 작은 구멍이 있다
	 3)항문; 소화기관의 마지막 부분이다(긴 소화기관을 가지고 있다)

흥미 요소	선형동물은 줄이나 선처럼 생겼다는 점
실수정정	선형동물과 환형동물을 구별하지 못할 때

변형 확대 및 응 용	선형동물의 세부분 카드 만들고 설명을 한다.	**지도상의 유의 점**
		모 가을로 반드시 기생충 약을 먹도록 한다.
		관 찰 (아 동 평 가)
		선형동물의 생김새와 특징을 이해하는?

활동(42)

주 제	무척추 동물 5. 환형동물		대 상 연 령	3 - 6세
교 구	환형동물의 그림, 백과사전, 영상자료			
목 적	직 접	환형동물의 생김새를 안다.		
	간 접	환형동물의 부분을 알고 자연동물을 보호하게 한다.		
선행학습	선형동물			
언 어	환형동물			
교구 제시				

활동과정
(상호작용)
	◉환형동물 (수업을 위한 정보)
	- 체절의 마디가 고리로 연결되어 있는 더 복잡한 구조의 동물이다.
	- 흙이나 물속 (바닷물, 민물)에서 살며 지렁이가 여기에 속한다.
	◉ 환형동물의 부분
	1.몸: 마디로 몸이 구성되어 있고 부드럽고 길다.
	2.각 모: 움직이기 위해 있는 털이 있다.
	  섬모환이 있어서 기어 다닐 수 있고 물속에서도 수영도 할 수 있다
	3.체환: 몸의 마디나 고리가 있다.
	4.환대: 알을 감싸고 있으며 주머니 같은 모양을 하고 있다
	  알이 점점 올라와 머리를 넘어서 알을 낳는다.
	5.입: 소화기능의 시작 부분이다
	6.항문: 소화기능의 마지막 부분이다
	땅속에서 흙을 먹고 분해를 해서 내 보낸다.
	       ★ 지렁이의 특징.
	　-흙을 분해하여 기름진 흙으로 만든다.
	　-흙속에 ,공기, 물이 들어갈 수 있는 공간을 만들어 준다.
	　-눈은 없으나 세포에서 빛을 감지할 수 있다.을 가진 세포가 온 몸에 퍼져 있다.
	　-습기 있는 피부를 가져야 하며 건조하면 죽는다.
	　- 몸 하나에 암수가 같이 있으며 수정 시에는 두 마리가 필요하다.
	　- 척추동물 같은 심장을 가지고 있다 심장의 기능

흥미 요소	몸 하나에 암수가 같이 있는 것
실수정정	환형과 선형의 다른 점을 이해하지 못할 때

변형 확대 및 응 용	환형동물의 세 부분 카드를 만들고 설명을 한다	**지도상의 유의 점**
		과학백과, 생물도감 등을 교실에 항상 비치한다
		관 찰 (아 동 평 가)
		환형동물의 특징을 이해하는가?

활동(43)

주 제	무척추 동물 6. 절지동물	대 상 연 령	3 - 6세
교 구	생물 도감, 백과사전, 절지동물의 그림		
목 적	직 접	절지동물에 대한 지식을 얻는다.	
	간 접	동물의 생김새와 사는 방법은 각기 서로 다름을 안다.	
선행학습	환형동물		
언 어	절지동물		
교 구 제 시			

활동과정 (상호작용)	◉절지동물 (수업을 위한 정보) -절지동물은 4개의 강(class)으로 나눈다. -체질이 마디로 된 다리와. 매우 단단한 외부구조를 가지고 있다. -무척추동물의 분류 중에서 가장 큰 부분을 차지하고 있다. 1) 곤충은 가장 많은 수가 지구상에 생존한다 　　　몸은 3부분(머리, 가슴, 배)이며, 6개의 다리를 가졌다. 2)거미: 8개의 다리(4쌍)　2부분의 몸(복부(배), 머리 + 가슴 3)갑각류: 가재, 새우R 게, 게(Crafish), 　2개의 몸과 움직이기 위한 여러 가지 부속기관이 있다, 4)다지류:지네(많은 몸의 부분과, 각 나뉜 몸의 절마다 1쌍의 다리가 있다. ◉절지동물의 부분 1)몸: 나눠진 각 부분이 움직이게 해 준다 2)외부구조: 몸 바깥쪽에서 몸을 보호하는 역할을 한다. 손톱과 같은 성문 　이 내부기관을　보호한다. 3)곁 눈 : 많은 상을 맺는다 (복안-작은 움직임을 감지한다) 4)귀청; 첫 번째 체절에 타원형의 고막이 있다.(진동을 감지한다) 5)소리　수신기: 소리를 감지를 한다 . 맨 앞쪽 발에 있다. 6)홑 눈: 3가지 단단한 눈과 빛/ 음양)기관을 가졌다. 7)더듬이: 2개의 더듬이가 있다.　　　　-감각 수신기(냄새/ 촉각) 8)입 : 두 개의 무거운 턱 사이에 이빨은 없다 (Heavy Strong Jar) 9)항문: 복부 제일 끝에 작은 부분, 배설기관 10)날개: 몇몇 절지동물을 가지고 있고. 가슴부분에 달려 날수 있게 한다. 11)부속기: 체질로 연결된 다리이다. 12)복부; 3부분 중 마지막 체질을 말한다. 항문이 있다. 13)가슴: 한 쌍의 다리가 있다. 3부분으로 나뉘어져 있다. 14) 머리: 눈, 2개의 더듬이 또는 2쌍의 더듬이가 있다. -나비의 특이 점.은 다리에 감지기관으로 맛을 느낀다. -관대 통은 돌돌 말려있고 음료(Necta)를 먹을 때는 쭉 펴서 빤다.
흥미 요소	절지동물의 부분별 생김새와 하는 일
실수정정	절지동물의 특성을 이해하지 못할 때

변형 확대 및 응　　용	절지동물의 퍼즐 놀이하기 절지동물의 이름카드 만들기	**지도상의 유의점**
		절지동물 퍼즐놀이로 접근한다.
		관 찰 (아 동 평 가)
		절지동물의 특징을 아는가?

활동(44)

주 제	무척추 동물 7. 연체동물	대 상 연 령	3 - 6세
교 구	달팽이, 문어, 오징어, 굴 조개 등의 그림 자료나 실물		
목 적	직 접	연체동물의 특징을 알아보고 동물을 사랑한다.	
	간 접	먹이 사슬을 이해하고 동물의 존귀함을 안다.	
선행학습	절지동물		
언 어	연체동물		
교 구 제 시			

활동과정 (상호작용)	⦿연체동물 (수업을 위한 정보) -과상자료 VTR 감상하기 　연체동물-움직이기 위한 강한 근육을 가지고 있다 　연체동물은 부드러운 몸과 껍질을 가지고 있다. -다리가 많다(달팽이, 문어, 오징어, 굴 조개 등의 그림 자료나 실물) ⦿연체동물의 부분 1)몸은 체절이 없고 막이나 껍질로부터 이미 보호를 받기 때문에 필요가 없다. 2)눈은 촉수 끝에 2개가 있다. :외부에 의하여 상해져도 곧 재생된다. 3)촉수는 안이 비어있는 관이고 가늘다 　달팽이 2쌍, 문어 8개, 오징어 10개 등이 있다 4)껍질은 둘둘 감기면서 성장한다. 　점점 자라면서 더 많은 공간이 필요하기 때문이다 5)입은) 조그마한 구멍이 있고 아주 작은 치열이 있다. 6)외피는 껍질의 가장 끝 부분이며 입은 조그만 구멍에 아주 작은 치열이 있다. 피부조직은 껍질을 만들 수 있는 성분이 나온다. 7)항문-2개의 구멍이 있다(항문/ 숨구멍 8)숨구멍-호흡 구 9)발은 근육이 발달되어 있고 선이 발달되어 있다 　매끄러운 액이 나와 움직임을 돕는다. 10)꼬리는 껍질 바깥쪽에 나와 있다.
흥미 요소	다리가 많은 연체동물의 운동 형태
실수정정	연체동물의 특성을 모를 때

변형 확대 및 응　용	무척추 동물의 명칭과 그림의 짝짓기 놀이를 한다.	**지도상의 유의점**
		무척추동물에 대한 영상 자료를 미리 준비를 한다.
		관 찰 (아 동 평 가)
		연체동물의 특징을 이해하는가?

활동(45)

주 제	무척추 동물 8. 극피동물	대 상 연 령	3-6세
교 구	달팽이, 문어, 오징어, 굴 조개 등의 그림 자료나 실물		
목 적	직 접	극피동물의 특징을 알아보고 동물을 사랑한다.	
	간 접	극피동물의 기관을 이해하고 보호하는 마음을 갖는다.	
선행학습	극피동물		
언 어	연체동물		
교 구 제 시			

활동과정 (상호작용)	⊙극피동물 (수업을 위한 정보) -극피동물은 불가사리, 성게 등으로 진화가 가장 잘된 무척추동물이다. - 몸 전체에 가시를 가지고 있고 그 가시에는 침이 있다. - 중심 판은 원으로 되어있고 팔이 5개로 뻗어있다. ⊙극피동물의 부분 1)몸: 가운데 구멍이 있다. 2)등판: 제일 윗부분이다. 3)구강 판: 납작한 면(입이 있어서 '구강 판'이라고 한다. 4)중앙 판: 두 다리로 조개를 잡고 가운데 있는 내장이 조개 안으로 들어가서 위액이 나온 곳으로 먹이를 먹고 다 먹으면 다시 제자리 로 돌아간다. 5)팔: 5개 부분이다 6)갈라진 홈: 입으로부터 팔의 끝까지 물이 이 홈을 따라 순환을 한다. 7)관 촉: 홈 안쪽에 있는 다리 흡착할 수 있는 부분이면서 이동할 수 있게 한다. 8)침: 적의 공격으로부터 보호하는 역할을 한다. 바깥의 골격으로 부터 나와 있다.(불가사리는 뭉툭하고 성게는 뾰족하다) 9)천공 체: 바깥쪽 가운데의 작은 구멍이 있고 깔때기모양이다. 곳으로 물이 들어 와서 홈을 따라 나간다. 10)안 점: 5개의 팔 끝에 각각 있다. 11)입은 아랫부분에 있다 12)항문: 중앙 판(등판) 옆쪽에 있다.
흥미 요소	극피동물의 생김새
실수정정	극피동물과 연체동물을 분류하지 못할 때

변형 확대 및 응 용	극피동물의 세 부분 카드를 만들고 설명을 한다.	**지도상의 유의 점**
		극피동물의 부분을 모두 알아야 하는 것은 아니다 능력별로 정보를 이해시킨다.
		관 찰 (아 동 평 가)
		극피동물의 특징을 알고 사랑하는 마음을 가지는가?

4. 식물학

활동(46)

주 제	- 식물학 - 식물학의 개요	대 상 연 령	3 - 6세
교 구	식물의 분류 챠트, Hwo Am I? 자료, 매트, 백과사전, 식물도감.			
목 적	직 접	식물에 대한 관심을 갖고 식물을 사랑한다.		
	간 접	식물에 대한 기초 지식을 얻고 식물의 세계를 이해한다.		
선행학습	동률 학, 자연식물의 현장 학습			
언 어	동물, 식물, 식물의 분류			
교 구 제 시				

활동과정 (상호작용)	⊙식물의 이용방법 　A.By pressing-채집해 온 식물을 눌러 놓아 모양이 흐트러 　지지 않게 한다 　B. by ironing-습기제거를 위해 종이를 사이에 넣고 다림질을 한다. 　C. Reproduction-보관 되어진 것을 보고 그리거나 색칠해 본다. 　D. Clay and plasticine-창조적인 작업으로 유도한다. 　-식물학의 진행과 목적 ・항상 교실의 문을 열어놓고 아이가 바깥의 자연을 직접 경험할 수 있도록 한다. ・특히 계절이 바뀔 때를 놓치지 말고 변화하는 자연을 몸으로 느끼게 한다. 교실 안에는 당파, 당근, 고구마, 감자 등으로 간단한 실험을 통하여 학습할 수 있도록 한다. ・이렇게 얻은 체험과 생각을 체계화하고 개념을 분명히 정립하도록 한다. 이것이 바로 유아의 식물학에서 추구하는 목적이다. ・외국의 경우를 보면: 특별 주제를 가지고 만들어진 식물원이 많고 아이들이 원하는 주제에 맞게 방문이 가능하다. ・실지 체험이 어려울 때는 백과사전, 정보 매체. VTR, 등으로 식물에 대한 호기심을 불러일으키는 것이 중요하다.
흥미 요소	많은 식물들의 생김새가 다른 점을 보는 것 식물에 대한 책을 보는 것
실수정정	식물, 동물의 명칭을 혼동 때

변형 확대 및 응　　용	식물에 관한 도서를 펼쳐서 듣거나 아는 바를 이야기 한다.	**지도상의 유의 점**
		각 기관에 책에 대한 도서를 유형별로 분류하여 구입하여 자주 갈아 준다.
		관 찰 (아 동 평 가)
		식물에 관심을 가지고 사랑하는가?

활동(47)

주 제	-식물학- 식물의 분류		대 상 연 령	3 - 6세
교 구	식물의 분류 체계 표(Plant 5 Kingdom), 식물도감, Who am I? 카드			
목 적	직 접	식물의 분류된 가족을 이해한다.		
	간 접	식물은 무관식물과 유관 식물로 분류함을 이해한다.		
선행학습	식물의 개요			
언 어	식물의 5왕국			
교 구 제 시				

- 99 -

활동과정 (상호작용)	⊙ 식물의 분류 (동물의 분류와 같은 방법). * 식물의 5왕국 1차 분류: 무관식물과 유관 식물 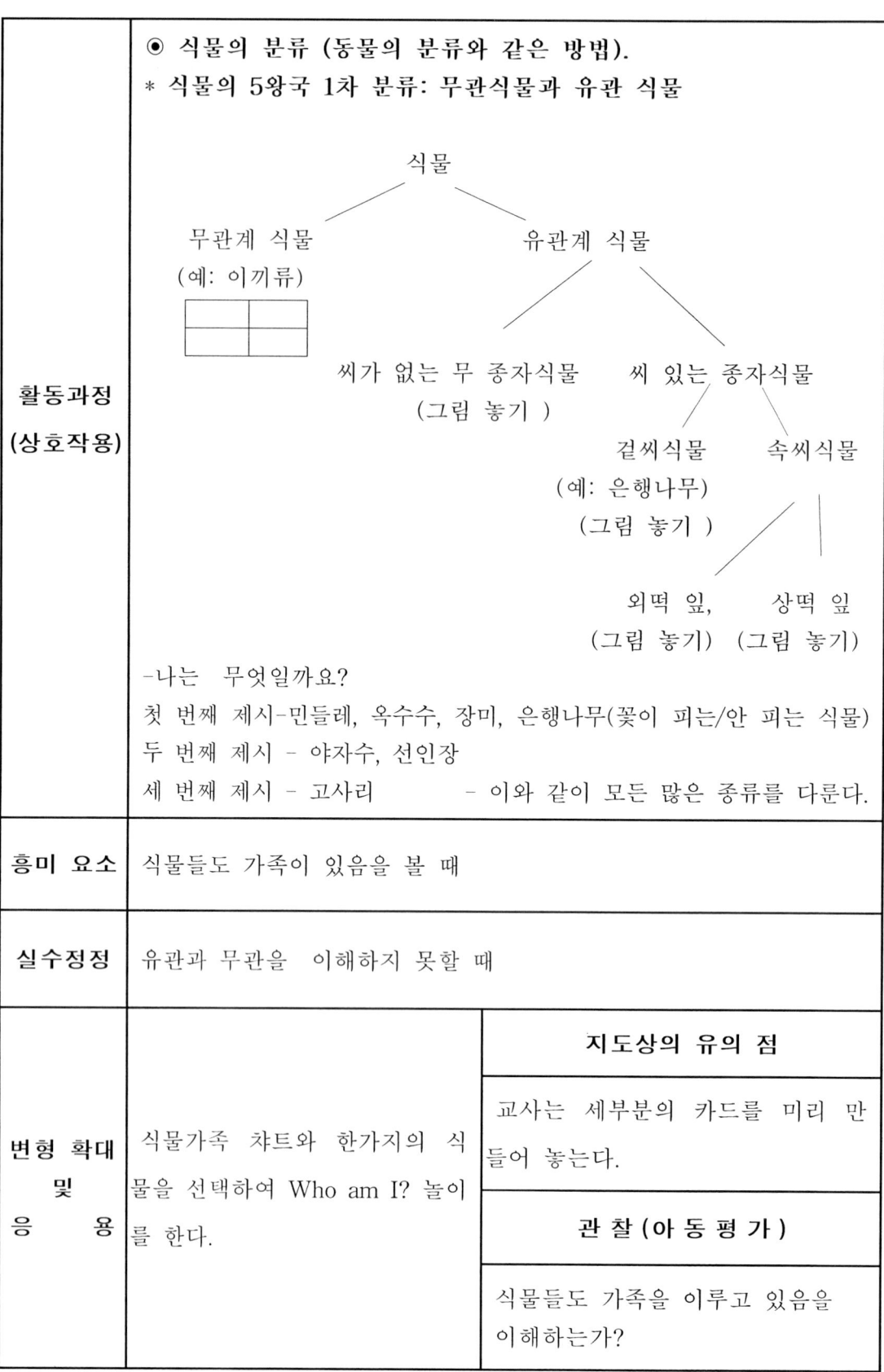 -나는 무엇일까요? 첫 번째 제시-민들레, 옥수수, 장미, 은행나무(꽃이 피는/안 피는 식물) 두 번째 제시 - 야자수, 선인장 세 번째 제시 - 고사리　　　- 이와 같이 모든 많은 종류를 다룬다.
흥미 요소	식물들도 가족이 있음을 볼 때
실수정정	유관과 무관을 이해하지 못할 때

변형 확대 및 응　　용	식물가족 챠트와 한가지의 식물을 선택하여 Who am I? 놀이를 한다.	**지도상의 유의 점**
		교사는 세부분의 카드를 미리 만들어 놓는다.
		관찰 (아동평가)
		식물들도 가족을 이루고 있음을 이해하는가?

활동(48)

주 제	-식물학- 나무와 뿌리		대 상 연 령	3 - 6세
교 구	뿌리를 연구할 수 있는 실험도구 들(붉은 토분, 각종 씨앗 들, 플라스틱 용기들, 리트머스 종이. 실제 식물, 퍼즐, 명칭카드, 세부분카드, 소책자 만들기			
목 적	직 접	나무에 대한 관심을 가지고 생김새를 이해한다.		
	간 접	나무와 역할을 이해하고 나무를 사랑한다.		
선행학습	식물의 분류			
언 어	나무, 뿌리			
교 구 제 시				

활동과정
(상호작용)
	◉ 나무와 뿌리
	제시1) (실물)실제 식물작업 및 퍼즐+ 명칭카드
	-나무는 어디에 있을까?
	-흙속을 헤쳐보이면서 이것은 식물의 몸의 한 부분이야 이것은 식물의 다리이기도하고 입의 역할도 좀 해!! 흙속의 영양분을 흡수하고 먹거든-그래서 나무가 잘 서서 자라게 해주는 거야.
	-나무가 크면 뿌리도 커진다.
	-한 아름/두 아름/세 아름 등의 나누 줄기의 굵기의 이야기를 나누기
	-흙에는 생물(식물)이 좋아하는 '미네랄'이라는 영양분이 아주 많단다.
	
	제시2)뿌리의 형태 (퍼즐)3부분 카드/소책자 만들기(미리제작).
	  1)원뿌리의 역할: 수분이나 영양의 저장을 한다.
	  2)원뿌리의 종류
	    1)원추형(당근) 2)방추형(예:무우) 3)순무 형(예: 레디시)
	    4)덩이형(다알리아)
	-원뿌리가 부풀어 자란 것을 '부푼 뿌리'라 한다.
	-군생뿌리: 가느다란 실 같은 뿌리가 한 곳으로부터 나와 있다
	      (예:외떡잎 식물들이 여기에 속 한다.)
	-아이들은 각자 세 부분 카드로 활동한다.

흥미 요소	식물의 부리의 모양이 각기 다른 것을 보는 것
실수정정	'원뿌리'를 확실히 이해하지 못할 때

변형 확대 및 응 용	세 부분 카드로 뿌리의 분류놀이를 한다	**지도상의 유의 점**
		뿌리의 가족에 대한 분류 표를 유아의 수준에서 알기 쉽게 만들어 준비한다.
		관 찰 (아 동 평 가)
		나무에 대한 관심을 가지고 생김새를 이해하는가?

활동(49)

주 제	-식물학- 식물의 줄기	대 상 연 령	3 - 6세
교 구	식물의 세 부분 카드, 소책자 만들기 준비, 줄기의 종류 표			
목 적	직 접	식물의 줄기는 여러 가지가 있음을 안다.	
	간 접	식물의 줄기가 성장하는 기쁨을 느낀다.	
선행학습	뿌리의 종류와 생김새		
언 어	줄기		
교 구 제 시			

- 103 -

활동과정 (상호작용)	◉식물의 줄기 식물의 줄기에 대하여 이야기 한다 무엇의 줄기는 어디에 있는가? 줄기 식물 관찰하기(그림) 세 부분 카드로 식물의 줄기의 종류를 알아본다. 1) 줄 기 땅 속 줄기 땅위 줄기 인경(줄기). 뿌리 덩이 구경 수직(줄기) 기는 덩굴 2) 수 직 줄 기 목질(줄기) 관 목 잎 모양 줄기 (딱딱한) (땅으로부터 낮은) (부드러운) 3) 덩 쿨 줄 기 뿌리로 기는줄기 덩쿨 선 줄기 꼬는 줄기
흥미 요소	식물의 다양한 줄기의 모양을 보는 것
실수정정	줄기의 뜻을 모를 때

변형 확대 및 응 용	줄기의 분류포를	지도상의 유의 점
		줄기의 종류와 모양을 이 한다.
		관 찰 (아 동 평 가)
		식물의 줄기의 다양함을 이해하는가?

활동(50)

주 제	-식물학- 식물의 잎	대 상 연 령	3 - 6세
교 구	여러 가지의 실물의 잎, 퍼즐과 명칭키드		
목 적	직 접	식물의 잎은 서로 다른 모양과 이름을 가지고 있음을 안다.	
	간 접	식물에 대한 호기심을 갖고 계속 탐구하는 마음을 갖는다.	
선행학습	식물의 줄기		
언 어	잎, 잎맥, 나란히 맥, 그물 맥, 단엽, 복엽		
교 구 제 시			

- 105 -

활동과정 (상호작용)	◉식물의 잎 　제시1)우리가 어제 식물원에서 모아온 나뭇잎 들을 늘어놓고 같은 　　　　것끼리 놓아 봅시다(은행잎, 포플라, 단풍잎 등을 끼리)…….) 　제시2)세부분 카드를 제시해주고 함께 만들어서 제시 해 본다. 　제시3)식물 캐비넷 　　　　각기 다른 잎의 모양과 이름을 가지고 있음을 알아본다. 　제시 3)잎맥의 종류 　　　　　　나란히 맥　──────　그물 맥 　　　　　　　(손바닥 모양)　　　　　(깃털 모양) 　제시4) 잎의 형태 　　　　　　　단 엽　　　　　　　　　복 엽 　(줄기에 한 개의 잎이 달림)　(줄기에 여러 개의 잎이 달림) 　제시5)잎이 하는 일에 대하여 알 본다.
흥미 요소	다양한 잎맥을 보는 일
실수정정	잎맥이 무엇인지 알지 못할 때

변형 확대 및 응　　용	식물 캐비넷 작업을 충분히 한다. 아이는 스스로 잎맥이 2가지임을 알아 차린다.	**지도상의 유의 점**
		유아용의 식물대한 책을 백과사전을 충분히 준비하여 항상 책을 보는 습관을 기른다.
		관 찰 (아 동 평 가)
		잎맥은 각기 다른 모양과 이름을 가지고 있음을 이해하는가?

활동(51)

주 제	-식물학- 식물의 꽃		연 령	3-6세
교 구	여러 가지 꽃, 꽃의 퍼즐과 명칭카드, 비닐 매트, 테이프			
목 적	직 접	꽃의 아름다움과 다양한 생김새를 이해한다.		
	간 접	꽃의 구조와 종류에 관심을 넓힌다.		
선행학습	잎의 다양함과 역할			
언 어	꽃, 단생화, 군생화, 암술 수술 꽃받침, 꽃 잎, 꽃 이름들 (호박 꽃, 백합꽃 등등)			
교 구 제 시				

활동과정 (상호작용)	◉ 꽃 제시1)실물보고 꽃에 대한 이야기를 한다. 　먼저 받침이 있는 꽃을 보면서 꽃에 대한 이야기를 한다.(예: 백합 꽃) -백합 꽃잎을 하나 하나 씩 떼어 놓으며 이것은 이름이 '꽃 잎'이야 -수술 하나 하나를 떼어 보여 주면서 이름이 '수술'이라고 해! -암술을 하나씩 떼어 놓으면서 이름은 '암술'이라고 해! 하면서 놓는다. -가운데 한 개 있는 것(암 수)도 떼어 놓는다. * 떼어 놓은 잎들은 테이프로 고정하도록 한다. 제시2) 명칭카드/ 세부분 카드를 제시한다. -암술과 수술에 대하여 찬찬히 보여 준다. -단생화와 군생화에 대하여 이야기 한다. 　단생화; 줄기 끝에 꽃이 하나달려 있다 　군생화: 줄기 끝에 여러 개의 꽃이 달려 있다. 제시3) 호박꽃과 백합꽃의 비교 　-백합의 꽃 잎; 나란히 맥 　-호박의 꽃 잎: 손바닥 무늬의 그물 맥 -깃털 모양의 그물 맥은 어떤 것인가? 제시4) 꽃과 과일의 관계: 실물을 보며 이야기 한다
흥미 요소	꽃 잎, 암술, 수술을 떼어내며 보는 일
실수정정	꽃의 구조의 명칭을 모를 때

변형 확대 및 응　　용	-아이마다 능력별로 -꽃 모음집을 만들도록 한다.	지도상의 유의 점
		떼어 놓은 잎들은 테이프로 고정하도록 한다.
		관 찰 (아 동 평 가)
		꽃의 종류가 다양함을 이해하는가?

활동(52)

주 제	소리 상자(듣기)	대상 연령	3-6세

교 구	매트, 소리 상자 2개, 소리나는 물건 10개(같은 것 2개)

목 적	직 접	• 소리를 듣고 여러 가지 소리를 구별할 수 있다.
	간 접	• 음악에 관심을 갖으며 청각능력을 계발한다.

선행학습	소리 듣기

언 어	소리상자, 짝짓기, 청각

교구 제시	

활동과정
(상호작용)
	*청각능력 기르기
	- 소리상자를 나란히 배열한 후 뚜껑을 열어 옆에 둔다.
	- 소리상자 놀이에 대해 설명한다.
	  • 왼쪽 상자에서 한 개를 꺼내 흔들어 보고 옆에 놓는다.
	   "이번에는 오른쪽 상자에서 1개를 꺼내 흔들어 보고 왼쪽에서 꺼낸 것과 소리가 같으면 책상 위쪽에 나란히 두자."
	   "오른쪽 상자에서 다시 1개를 꺼내 흔들어 보고 왼쪽에서 꺼낸 것과 소리가 다르면 옆에 놓자."
	- 두 번째 물건을 꺼내어 흔들어 보게 하고 짝을 맞추어 본다.
	  • "자, 다시 왼쪽상자에서 한 개를 꺼내어 흔들어 보고 옆에 놓자."
	   "오른쪽 상자에서도 한 개를 꺼내어 흔들어 보고 맞으면 짝을 맞추고 틀리면 옆에 놓아두려무나."
	- 모두 짝이 맞을 때까지 계속한다.
	- 소리의 크기에 따라 등급을 매기게 한다.
	  • "이번에는 가장 크고 거친 소리가 나는 것을 왼쪽에 놓고 그다음 큰소리의 순서대로 번호를 매겨 본다. 소리 교구를 "가장 작고 부드러운 소리는 맨 끝에 놓아야겠지."
	- 작업 후엔 정리하여 제자리에 놓는다.

흥미 요소	물건의 소리를 듣고 짝 짓기 하기
실수정정	소리를 들을 때 집중하지 않고 질서를 지키지 않을 때

변형 확대 및 응용	• 12명의 어린이에게 1개씩 갖게 하고 같은 소리가 나는 것으로 짝을 찾게 한다. • 짝을 찾은 후는 큰소리 → 작은 소리 순으로 줄을 서보게 한다.	지도상의 유의점
		많은 집중력과 질서가 필요하므로 교사의 지시를 잘 따르도록 한다.
		관찰 (아동평가)
		소리게임으로 소리를 구별할 수 있는가?

활동(53)

주 제	53. 악기 매칭 소리	대상 연령	3 - 6세
교 구	• 여러 가지 악기		
목 적	직 접	• 소리를 듣고 같은 소리를 찾아낼 수 있다.	
	간 접	• 음악에 관심을 갖으며. 청각을 계발한다.	
선행학습	소리주머니, 소리 상자		
언 어	악기의 이름		
교 구 제 시			

활동과정
(상호작용)
	활동 1> 악기매칭 놀이
	- 등대고 악기를 소리 내어 같은 악기를 찾는다.
	- 두 명의 유아가 각각 바구니 1개씩을 갖는다.
	- 한 명이 악기중 하나를 흔들면 등을 기댄 아이가 같은 소리 나는 악기를 찾아 흔든다.
	  • "자, 영희야, 너는 이 악기를 흔들어 볼래?"
	    "철수야, 영희가 낸 악기와 똑 같은 악기를 바구니에서 꺼내서 흔들어 보자?"
	    " 그래, 둘 다 '탬버린'을 찾았구나."
	- 소리가 같으면 놓고 다른 것을 한다.
	- 틀리면 맞을 때까지 악기를 소리를 내며 찾는다.
	활동 2>
	-여러 명을 대상으로 할 때 어린이들을 두 팀으로 나눈다.
	  • "자, 이번에는 단체로 악기 찾기 놀이를 해보자."
	    "두 사람씩 짝을 만들어 보자."
	    "같은 악기를 먼저 찾아내는 팀이 이기는 거야."
	    "소리가 같은 악기를 찾았으면 옆에 놓고 틀렸으면 맞을 때까지 계속 하는 거야."
	- 모두 같은 악기를 찾아낼 때까지 기다렸다가 승부를 가린다.
	- 작업 후엔 정리하여 제자리에 놓는다.

흥미 요소	악기 맞추기 놀이
실수정정	놀이에 집중하지 않을 때

변형 확대 및 응 용	악기 이외의 물건을 등에 대고 소리맞추기 게임을 한다.	지 도 상 의 유 의 점
		집중력과 질서를 잘 지키도록 한다.
		관 찰 (아 동 평 가)
		소리를 듣고 같은 악기를 찾아낼 수 있는가?

활동(54)

주 제	높은 음, 낮은 음	대상연령	2세~5세

교 구	• 연, 그림책, 풍선 4개(만든 것), 풍선 붙일 검은 판.		

목 적	직 접	• 높고 낮음의 개념을 알 수 있다.
	간 접	• 음악에 관심을 갖는다. • 청각을 계발한다.

선행학습	듣기 활동, 음악 듣기와 노래하기,

언 어	위로, 아래로, 높게, 낮게

교구제시	

- 113 -

활동과정
(상호작용)
	◉]낮은 음과 높은 음
	
	-낮은음이 나는 것
	   사람소리: 할아버지, 할머니. 아버지, 어머니, 아기, 동생
	   자연의 소리: 새소리, 바람소리, 천둥소리, 비오는 소리
	   악기소리: 캐스터네츠, 트라이앵글, 북소리, 피아노 소리,
	            바이올린 소리 등을 들으며 찾아 내 본다.
	-높은음이 나는 것(사람, 악기. 자연의 소이 등)
	-낮은 음의 느낌과 높은 음의 느낌을 비교해 본다.
	
	-음색이란 무엇인가? 음의 느낌을 말한다.
	-아름다운 음색의 장점은 무엇일까요?
	-친구들의 말소리, 웃음소리, 등을 들어 본다.
	
	-낮은 음과 높은 음을 내어 본다.
	-악기를 두드리거나 연주해 보면서 낮은 음과 높은 음을 구별해 본다.
	-라디오의 음악을 들으면서 높은음과 낮은 음을 골라내 본다.

흥미 요소	높은 소리 낮은 소리를 흉내를 내 보는 일
실수정정	높고 낮다는 의미를 모를 때

변형 확대 및 응 용	높고 낮은 소리로 말을 해보기 높고 낮은 소리의 악기로 연주해 보기	**지도상의 유의점**
		녹음기와 음을 들을 수 있는 자료를 사전에 충분히 준비한다.
		관찰 (아동평가)
		높은 음과 낮은 음을 구별할 수 있는가?

활동(55)

주 제	빠르게와 느리게 (Allegro & Andante)	대 상 연 령	2.5세 이상
교 구	• 장난감 차, Allegro & Andante카드		
목 적	직 접	• 느리게와 빠르게의 개념을 알 수 있다.	
	간 접	• 음악에 관심을 갖는다. • 리듬 감각을 계발한다.	
선행학습	듣기 활동, 음악 듣기와 노래하기,		
언 어	시끄럽다, 조용하다, 아주 크다(FF), 크다(F), 작다(P), 아주 작다(PP)		
교 구 제 시			

활동과정
(상호작용)
	- 교실에서 대그룹으로 여 새로운 손뼉 치기를 한다.
	"오늘은 '안단테'와 '알레그로'를 복습하겠어요."
	- 12가지 상징 그림 카드를 늘어놓는다.
	   Allegro : 제트기, 토끼, 빨리 걷는 사람, 경주용 자동차,
	              내리막 길을 달리는 자전거, 불자동차.
	   Andante : 벌레, 달팽이, 거북이, 오르막 길 자전거,
	              지팡이 짚은 할아버지.
	• "오늘은 새로운 박수를 보여 주겠어요. 이것은 모자 박수예요.
	  모자 박수는 '쉿쉿' 이렇게 하는 거예요."
	  '쉿쉿쉿' '쉿쉿쉿쉿'
	-'알레그로'는 '빠르게' 부르라는 기호란다. '빠르게' 카드를 보여준다.
	  빠른 것과 느린 것 찾아보기 (비행기, 표범, 호랑이 등)
	-자동차아주 빠르게'의 노 '빠르게'의 느낌으로 불러본다
	- 교사는 어린이들에게 손가락으로 흉내를 내며 말하게 한다.
	- 이번에는 느리게 움직이는 것을 생각해 보게 한다.
	• "이번에는 느리게 움직이는 것에는 무엇이 있을까요?"
	  아동: "벌레, 달팽이, 거북이 등이 있어요"
	- 장난감 자동차로 빠르게, 느리게 움직이게 해 본다.
	• 우리는 빠르게도 느리게도 움직이게 할 수 있지요? (거북이, 자라 등)
	  "교실에서, 밖에서 어떻게 걸어야 할까요?"
	- '아주 빠르게' 노래를 '알레그로'로 불러 본다.
	- '알레그로' 음악에 맞추어 박수를 쳐보거나 걸어 본다.
	- 교사는 재미있는 노래를 빠르게, 느리게 따라 부르게 한다.

흥미 요소	빠르게, 느리게 움직이기.
실수정정	귀를 기울여 소리를 듣지 않을 때

변형 확대 및 응 용	• 여러 종류의 차를 사용하여 빠르게와 느리게의 개념을 갖도록 놀이하기 • 노래를 느리게 빠르게 불러보기.	지 도 상 의 유 의 점
		빠르게와 느리게의 개념을 음악 소리에 연관시켜 지도한다.
		관 찰 (아 동 평 가)
		빠른 소리와 느린 소리의 개념을 알고 있는가?

활동(56)

주 제	세게, 여리게 (Forte, Piano)	대 상 연 령	3세 이상
교 구	포르테(F), 포르테시모(ff), 포르테시시모(fff)카, 만들기 준비 피아노(P), 피아니시모(PP), 피아니시시모(PPP)		
목 적	직 접	• 포르테의 악상기호를 인식할 수 있다 • 악보를 이용한 포르테 음악을 알 수 있다.	
	간 접	• 음악에 관심을 갖는다. • 음악을 배우기 위해 체계적으로 사전에 연습을 한다.	
선행학습	듣기 활동, 시끄러운 소리와 부드러운 소리 활동		
언 어	세다 (f, ff, fff), 여리다 (P, PP, PPP)		
교 구 제 시			

활동과정 (상호작용)	◉ 세게와 여리게 　- 어린이에게 손뼉을 치게 한다. 　　• 사과 1 2 3 4, 1 2 3 4 　　• 무릎, 어깨, 머리, 발목 등 치기 　- 큰소리 작은 소리를 넣어 이야기를 들려준다. 　　• 어느 날 선생님이 숲속에 갔더니 개미가 간식을 먹고 있었어요. 　　　　벌 → 부웅 부웅 부웅 부웅 (p는 여리게, pp는 매우 여리게) 　　　　참새 → 쨱쨱쨱쨱 쨱쨱쨱쨱 '포르테'(f)-세게 　　　　매미 → 맴맴맴맴 맴맴맴맴 (FF) -조금 세게 　• 포르테'라는 말은 항상 크게 소리를 낸다는 뜻이다. 　• 어이에게 'f'라는 악상 기호카드를 제시 한다. 　- '포르테시모(ff)에 대해 설명한다. 　　• "이제 참새 소리 보다 더 큰 소리가 나는 것 에는 어떤 것이 있을까요? 　　　예 : 매미예요." 　　• "매미는 아주 큰 소리를 냈지? 　　　아주 큰 소리는 '포르테시모' (ff) 라고 한다." 　- 악상카드 'ff'(아주 크게)를 들려준다. 　　• 'ff'는 좀 더 크게 큰 소리로 노래를 부르라는 뜻이다 　- 탬버린으로 ' ff '(아주 크게)는 'f'(크게)보다 더 크게 치게 하여 그 차이점을 느끼게 한다. 　- 점점 세게와 점점 작게 < , > 의 기호를 본다. 　- 작업 후엔 정리하여 제자리에 놓는다.
흥미 요소	소리의 강약을 탬버린으로 치기
실수정정	'ff'와 'f'의 악상기호를 보고 크기의 차이점을 인식하지 않았을 때

변형 확대 및 응용	• 여러 가지 악기로 악상기호에 맞게 연주하기 • 악 감상하기.	지 도 상 의 유 의 점
		음악의 강약의 기호를 사물과 연결시켜 기억하도록 지도한다.
		관 찰 (아 동 평 가)
		포르테(f)와 포르테시모(ff)의 차이점을 알고 있는가?

활동(57)

주 제	여리게 (Piano)	대 상 연 령	4세 이상
교 구	p, pp, ppp, f, ff, fff, 북, 장난감 곰, 종이 사슬, 노트 1권, 쥐 모형		
목 적	직 접	• 부드럽고 조용한 소리의 개념을 인식한다. • 강약 법을 인식한다.	
	간 접	• 음악에 관심을 갖는다. • 음악을 배우기 위해 체계적으로 사전에 연습을 한다.	
선행학습	듣기 활동, 시끄러운 소리와 부드러운 소리, 크게 활동		
언 어	부드럽다, 여리게(P), 아주 여리게(PP), 조금 여리게(mp)		
교 구 제 시	pp　　p　　mp		

활동과정 (상호작용)	◉여리게 (P, PP, PPP) - 개구리노래를 부르며 강약에 귀 기울이기. 　•"오늘은 개구리 노래를 불러보자. 아빠 개구리 골골, 엄마개구리 꽥꽥, 아기 개구리 깩깩." - 지난 시간에 해 본 것처럼 작은 소리 나는 것을 생각해 보게 한다. 　•"제일 작은 소리는 벌의 '부웅부웅' 하는 소리였지?" 　"작은 소리에 해당하는 기호는 '피아노'란다. 따라해 보자." 　" '피아노'라는 말은 항상 작게 한단다." - 유아에게 'P'라는 악상 기호카드를 제시하고 작게 따라 소리 내 보기 - 개구리 노래를 작게도 불러 본다. - '피아니시모'. 악상카드 'pp'를 보여 준다. - 아주 작은 소리는 '피아니시모' 라고 한다."손뼉으로 쳐 보기 ◉세 게(f, ff, fff) - 손뼉 치기로 크고 작게 소리를 내어 보기 　" 지난 시간에 해 본 것처럼 매미, 참새, 벌, 개미 소리로 친다." - '장난감 곰 소풍놀이'를 소개한다.(별도 제시) 　과일, 아이스크림, 자동차, 곰 인형을 기호와 손가락과 연결시킨다. 　　　　바나나 →　　　PP → 손가락 ① 　　　　아이스크림 →　P → 손가락 ② 　　　　자동차 →　　　F → 손가락 ③ 　　　　인형 →　　　　FF → 손가락 ④ - 유아에게 교사의 제시하는 이야기를 듣고 해당하는 단어가 나올 때마다 해당되는 손가락을 펴서 보이도록 한다.
흥미 요소	소리의 강약을 탬버린으로 치기
실수정정	p와 pp의 강약의 차이를 느끼지 못할 때

변형 확대 및 응　용	• 여러 가지 악기로 악상기호에 맞게 연주하기 • 음악 감상하기.	지 도 상 의 　유 의 점
		소리의 부드럽고 여린 소리감각을 인식 시킨다.
		관 찰 (아 동 평 가)
		f와 p의 차이점을 알 수 있는가?

활동(58)

주 제	음표와 쉼표 **음표**		대 상 연 령	4세 이상
교 구	음표와 쉼표의 기호들(카드), 리듬카드, 발 구르기와 손뼉 치기 카드, 악보, 각 음표 와 쉼표			
목 적	직 접	• 음표와 쉼표를 이해한다.		
	간 접	• 악보를 볼 수 있는 능력을 계발한다. • 음의 느낌을 그대로 표현하는 능력을 기른다.		
선행학습	박자읽기 준비활동			
언 어	악보, 4분음표, 박자, 리듬카드.			
교 구 제 시				

활동과정 (상호작용)	●**음표** -음표는 소리를 내라는 것이고 쉼표는 소리를 내지 말고 쉬고 있으라! 는 것이고 음표나 쉼표는 여러 가지가 있다. -**쉼표**에는 온쉼표, 2분 쉼표, 4분 쉼표, 8분 쉼표 16분 쉼표, 32분 쉼표 -각 음표의 길이를 알아보자. 4분 음표 기호(♩)를 보여준다. - 1, 2, 3, 4 의. 4장의 오리그림 카드를 주며 . 　• "오리가 어떻게 소리를 내는지 말해보겠니?" '꽥꽥' 　• 이제 1 2 3 4의 숫자 밑에 오리를 한 마리씩 놓아보자." 　　카드의 오리를 한 마리씩 놓을 때마다 '꽥 꽥 꽥 꽥' 소리를 내어 본다 　　"이번에는 '꽥 꽥 꽥 꽥' 소리를 낼 때마다 박수를 쳐보자." - 유아에게 밀가루 반죽을 주어서 교사처럼 긴 음과 짧은 음으로 노래해 보도록 한다. - 교사는 종이와 연필을 가져와 ♩를 그려보게 한다. - 주위에서 긴 음과 짧은 음을 흉내를 내며 손가락을 움직여 본다 　　　예) **긴소리**　　　　　　　　**짧은소리** 　　　뱃고동 : 뚜.......　　　　기침 : 엣취 　　　소　　 : 음매.....　　　　개　 : 멍멍 　　　양　　 : 매애......　　　　돼지 : 꿀꿀 　　　사자　 : 으르릉.......　　　작은차 경적 : 빵빵
흥미 요소	4분 음표 모양 그리기
실수정정	4분 음표 머리가 검게 칠해지지 않았을 때

변형 확대 및 응용	• 음표와, 쉼표 카드를 만들어 본다 -음표와 쉼표를 놓고 친구들 앞에서 길이대로 해본다.	**지 도 상 의 유 의 점**
		4분 음표를 오리고 소리와 연관시켜 지도한다.
		관 찰 (아 동 평 가)
		4분 음표를 읽고 치고 그릴 수 있는가?

활동(59)

주 제	음표와 쉼표 쉼 표	대상 연령	4세 이상
교 구	1 2 3 4카드, 오리카드, 4분음표 카드, 쉼표 카드, 새둥지 카드.		
목 적	직 접	• 숨표와 쉼표를 알아본다. • 4분 쉼표의 상징과 길이를 감지 한다.	
	간 접	• 독보 능력을 기른다.	
선행학습	4분음표, 8분음표, 2분음표 활동.		
언 어	악보, 4분음표, 8분음표, 2분음표, 4분 쉼표, 리듬카드.		
교구 제시	**쉼표카드**		

활동과정 (상호작용)	⦿ 쉼표 - 1 2 3 4 카드와 오리카드, 둥지 카드를 아래와 같은 형태로 놓는다. 	1	2	3	4
오리	오리	둥지	둥지 | - 둥지 카드를 치는 방법을 설명한다. 　교사: "둥지 안에는 새가 없으므로 손뼉을 치지 않고 쉰다." 　　　　1　　　2　　　3　　　4 　　　(손뼉)　(손뼉)　(쉬)　(쉬) 　　　"이제는 쉬라고 하는 대신 3, 4라고 말해보자." 　　　　1　　　2　　　3　　　4 　　　(손뼉)　(손뼉) - 1 2 3 4 카드와 오리카드, 둥지 카드, 리듬카드를 아래와 같이 놓기. - 둥지 카드의 기호에 대해 설명하기 | ♩	♩		
1	2	3	4
오리	오리	둥지	둥지 | 　• 둥지 카드 기호는 ' '이며 '4분 쉼표'라고 읽고 ♩만큼 쉰단다." - 카드들을 바꾸어 가면서 박자를 쳐 보기 　• 소리를 내면서 리듬카드를 보고 손뼉을 쳐보기 - 손가락으로 4분 쉼표 그리기를 한다. - 작업 후엔 정리하여 제자리에 놓는다.
---	---
흥미 요소	둥지 카드치기
실수정정	4분 쉼표를 ♩만큼 쉬지 않을 때

변형 확대 및 응　　용	• 4분 쉼표의 탁본을 크레파스로 만들기 • 쉼표와 음표를 사용하여 4박자 리듬카드를 만들어 보기	**지 도 상 의 유 의 점** 4분 쉼표는 그리기가 어려우므로 사포로 만든 쉼표모형으로 충분히 연습시킨다.
		관 찰 (아 동 평 가) 4분 쉼표에 대해 알고 있는가?

활동(60)

주 제	운지법	대상연령	3세 이상
교 구	피아노, 종이피아노 건반		
목 적	직접	• 임의적인 손가락 번호를 인식하고 손가락이 음악에서 담당해야 할 역할을 안다	
	간접	• 피아노 연주의 기초기능을 익힌다. • 집중력을 높인다.	
선행학습	음표, 운지법.		
언 어	건반, 피아노, 손가락의 이름		
교구제시			

활동과정 (상호작용)	- 교실에서 개인 또는 소그룹으로 활동 - 교사를 따라 손뼉 치기를 한다. 　• "오늘은 '메아리 손뼉 치기' 연습을 하려고 해." 　　"선생님이 손뼉을 치면 따라해 보자." - 손가락 놀림으로 운지법을 가르친다. 　• "꿀벌들이 여기에 있다. 벌들은 어디에 있을까?" 　　(엄지손가락을 안으로 넣어 주먹을 쥐어 보인다.) 　　"아무도 없는 곳으로 숨어 버렸어." (다른 손으로 주먹을 감싼다.) 　　"벌들이 꿀벌 통에서 나오는 것을 볼 수 있을 거야." 　　(마치 보고 있는 것처럼 눈을 조금 뜬다.) 　　"하나, 둘, 셋 넷. 다섯.　BZZZ……　모두 날아가 버린다." 　　(엄지 손 가락이 가장 먼저 나오고 그다음에 하나씩 꿀벌 통에서 손가락을 뺀다.) 　　"어느 것이 처음 나온 벌이지?" 　　"맞았다. 엄지손가락이 1번이다, 피아노를 칠 때도 엄지손가락이 　　　1번이란다. (교사는 2개의 엄지손가락을 올려 보인다.) 　　"자, 그러면 어떤 손가락이 2번이 될까?" - 위와 같이 5번째 손가락까지 설명한다. 　• "3번째 손가락, 4번째 손가락을 올려보아라. 할 수 있겠지?" 　　"4번째 손가락을 올리는 것이 힘들지? 5번째 손가락은 쉽구나" - 아동들이 손가락 노래를 부르는 동안 교사는 손가락 그림에 번호를 매기고 아동에게 준다.
흥미 요소	손가락의 이름.
실수정정	손가락 번호를 잘 못 인식했을 때

변형 확대 및 응　　용	• 자기 손가락을 그려서 색칠하고 번호 매겨 보기.	지 도 상 의 　유 의 점
		왼손 손가락 번호도 오른손 손가락 번호와 같다는 것을 강조하여 양손을 함께 지도한다.
		관 찰 (아 동 평 가)
		피아노를 칠 때 양손 손가락의 번호를 알고 있는가?

활동(61)

주 제	높은 음자리표, 낮은 음자리표	대상 연령	3세 이상
교 구	높은, 음자리표, 흰 종이, 색 연필		
목 적	직 접	• 높은음자리표와 낮은 음자리표의 생김새를 안다.	
	간 접	• 악보를 이해하는 기초를 쌓는다.	
선행학습	음이 고저		
언 어	높은음자리표		
교 구 제 시			

활동과정 (상호작용)	◉ 높은 음자리표. 낮은음자리표 (두 표의 기호를 보여준다) • 계단을 오르내리는 동안 올라가는 것과 내려오는 것에 대해 얘기한다. 계단을 올라가는 것은 높은 음으로 가는 것이고 계단을 내려가는 것은 낮은 음으로 가는 것을 약속한다. 활동) • '리더 따르기' 놀이를 하면서 아이들이 교사를 따라 올라가고, 내려 오고, 같은 위치에 머물도록 시켜 본다. • 3계단마다 4분음표를 하나씩 놓는다. 예를 들어 낮은 음은 평지, 중간 음을 첫 번째 계단, 높은 음은 2번째 계단으로 정해 놓는다. • 한 어린이는 '도약선수'로 정하고, 한 어린이는 '음악가'로 정한다. • 도약선수가 높은 계단위에 있을 때 음악가는 높은 키를 연주하고, 중간계단에 있을 때는 중간키를 연주해 본다. • 도약선수에게 자신이 원하는 어떤 계단에도 뛰어 오를 수 있다는 것을 알려준다, • 도약선수는 계단을 그냥 건너뛸지도 모른다. 그 경우는 음이 한꺼번에 2계단 올랐다는 것을 알려준다. • 모든 아동이 도약선수와 음악가가 될 수 있는 기회를 가질 수 있게 순서를 정해준다. • 도약선수가 균형을 잃지 않도록 한손을 잡아주어도 괜찮다.
흥미 요소	높은 음 자리표, 낮은 음 자리표를 그려 보는 것
실수정정	도약선수와 음악가가 맞지 않았을 경우

변형 확대 및 응 용	• 높은 음자리표 와 낮은 음자리표를 그려보고 오선지 위에 놓아 본다.	지 도 상 의 유 의 점
		건반악기의 계단을 오르고 내림에 관심을 갖는다.
		관 찰 (아 동 평 가)
		높은 음 자리표와 낮은 음 자리표의 기호를 인식하고 있는가?

활동(62)

주 제	상행 음과 하행 음	대상연령	4세 이상
교 구	계단장치, 4분 음표 카드 3개, 악기, 올라가는 음표 그림 간단한 악보		
목 적	직접	• 계단을 오를 때는 높은 음을 연주하고, 아래로 내려갈 때는 낮은 음을 연주한다는 것을 안다.	
	간접	• 음의 상행과 하행의 느낌을 느껴 본다. • 마음에서 느끼는 음의 음율을 표현할 수 있다.	
선행학습	운지법, 음악을 읽고 만드는 준비연습, 리듬카드.		
언 어	높은 음, 낮은 음, 음표 카드, 계단장치.		
교구제시	(악보: 조금씩 쓰다가 두었던 물건 / 함부로 버리지 말아야죠)		

활동과정 (상호작용)	- 교실에서 소그룹으로 활동한다. - 계단과 올라가는 음표그림을 보여준다. 　• 이 음표들은 위로 올라가고 있을까? 밑으로 내려가고 있을까? 　"맞아, 위로 올라가고 있구나. 선생님이 위로 올라가는 음을 연주할 테니 잘 들어보자." - 낮은 음에서 시작하여 높은 음에서 끝나도록 하면서 계단 위에 있는 각 음표의 키를 누르면서 다른 한 손으로 음표를 지적해 준다. - 계단과 내려가는 음표그림을 보여준다. 　• "이 음표들은 위로 올라가고 있을까 밑으로 내려가고 있을까?" 　"선생님이 밑으로 내려가는 음을 연주할 테니 잘 들어보자." - 다시 그 음을 연주하면서 해당되는 음표를 지적하며 설명한다. 　• "모든 기호는 '음'이 있으며 이 '음'은 마음대다." - 계단과 위로 로 올라가는 음표와 밑으로 내려가는 음표, 같은자리에 머물러 있는 음표를 보여준다. 　• "선생님이 연주할 테니 잘 들어보자." - 이것을 연주하면서 그림에 있는 각 음표를 지적해 주고 그림에 있는 음표를 연주하게 한다. - 계단을 올라갈 때는 높은 음을 연주하고 밑으로 내려갈 때는 낮은 음을 연주하고 머무를 때는 같은 음을 연주한다는 것을 강조한다. - 작업 후엔 정리하여 제자리에 놓는다.
흥미 요소	계단과 오르고 내리는 음표, 머무르는 음표
실수정정	올라갈 때 낮은 음을 연주하거나 내려갈 때 높은음을 연주할 때.

변형 확대 및 응　용	• 종이에 올라가는 음표, 내려가는 음표, 머무르는 음표를 다양하게 그리고 스스로 연주하기.	지 도 상 의 유 의 점
		음율은 오르내림의 변화를 의미한다는 것을 이해시킨다..
		관 찰 (아 동 평 가)
		계단을 오르고 내릴 때 높고 낮은 음을 잘 연주하고 있는가?

활동(63)

주 제	보표를 읽고 만들기	대상 연령	4세 이상
교 구	음악계단, 스탬프 대, 음표		
목 적	직 접	• 음악계단에 음표를 그려 넣고 연주할 수 있다.	
	간 접	• 음악을 읽고 연주할 수 있다. • 음악을 만들 수 있다.	
선행학습	음악을 읽고 만드는 준비연습, 상행 음 하행 음.		
언 어	음악계단, 음표, 보표.		
교 구 제 시			

- 131 -

활동과정 (상호작용)	- 음악계단 그림을 보여준다. (소그룹으로 활동한다). 　• "음악계단은 이와 같이 생겼단다. 이 계단에 그려진 줄의 수를 세어볼까 몇 줄이지? 언제나 밑에서 세기 시작한단다." 　　"잘 했다. 다섯줄이구나. 이제 안쪽에 있는 '칸'을 세어볼까? 몇 칸이지? '칸'은 밑에서부터 세기 시작한단다." - 아이들에게 손을 위로 올려 손가락들이 옆을 향하도록 한다. 　• "밑에서부터 손가락을 세어보자, 다섯이구나." 　　"이번에는 손가락 사이를 세어보자, 4칸이네." 　　"이것들은 음악계단들과 같다." - 음악계단 그림에 지문으로 음표를 만든다. 　선생님이 음악계단에 음표를 넣는 것을 잘 보자." 　선생님이 만든 음악계단을 보고 연주할 테니 잘 들어봐? - 다시 그 음표를 연주하면서 해당되는 음표를 지적하며 설명하기. 　• 음표는 왼쪽에서 오른쪽으로 읽어야 한다. 　　"그리고 음악이 지시하는 대로 더 높게, 더 낮게 박자세기를 하면서 연주하는 거란다." - 어린이에게 음악계단 그림에 지문으로 음표를 만들게 한다. 　• "손가락 끝에 잉크를 묻히고 여러분 계단에 눌러 보자." 　　"그래, 잘했어. 이번에는 너희들이 만든 음악계단의 음표를 읽어 보고 연주해 보자." - 작업 후엔 정리하여 제자리에 놓는다.
흥미 요소	음악계단에 지문으로 음표 만들기
실수정정	음악계단을 잘 세지 못할 때.

변형 확대 및 응 용	• 종이에 오선을 그리고 8개의 음표를 찍어 놓고 연주해 보기	**지 도 상 의 유 의 점** 오선, 줄, 칸이라는 말 대신 음악계단, 줄, 사이라는 표현을 썼으나 자연스럽게 익히도록 해도 된다.
		관 찰 (아 동 평 가) 음악계단에 음표를 찍고 연주할 수 있는가?

활동(64)

주 제	오선 퍼즐 만들기 (staff puzzle)	대상 연령	5세 이상
교 구	• 검은색 종이, 흰색 종이, 봉투 혹은 색종이1장		
목 적	직 접	• 오선 퍼즐을 만들 수 있다.	
	간 접	• 악보를 이해하는 기초가 된다.	
선행학습	음표의 길이, 상·하행 음, 음악 계단		
언 어	오선 퍼즐, 검은색 종이, 흰색 종이.		
교구제시	① 뚜껑(계이름을 덮는) / 계이름은 음표안에 있음 ② 온음표 도 레 미 파 솔 라 시 도		

활동과정
(상호작용)
	◉ 오선 퍼즐.
	제시1)음의 계단그림을 보여 준다
	 - 음악계단(오선)에 대해서 배웠지?
	 - 줄이 다섯 개가 있고, 칸이 4개가 있어서 '다섯줄 네 칸'이라고 흔히 부른단다. "우리 다 같이 줄과 칸을 세어 보자."
	 - 줄과 칸을 셀 때는 모두 밑에서부터 세기 시작한다."
	 - 오선퍼즐 만들기.
	  흰 종이(2.5인치×12인치가 4개 그려져 있는 것)와 검은 종이(1인치×12인치가 5개 그려져 있는 것)를 배부한다.
	◉ 흰색 건반과 검은색 건반
	 - 2개가 모인 그룹과 3개가 모여 있는 그룹이 있구나."
	 - 이것들을 선생님이 번갈아 눌러 볼 테니 잘 들어 보세요."
	 -검은색 2개 그룹의 건반과 3개의 그룹의 건반을 찾아 본다.
	 - 한 번에 한사람씩 나오게 하여 교사가 지칭하는 검은색 건반의 그룹에 대해 설명한다.
	  • 검은 건반의 2개 그룹과 3개 그룹 중 어느 것이 더 높은 소리가 날까?
	  • 선생님이 2의 그룹과 3의 그룹을 연주할 테니 잘 들어 봐.
	  • 검은색 3개 그룹의 건반은 2개 그룹건반 보다 낮은 소리가 난다.

흥미 요소	오선에 동전으로 음표 만들기. 오선 퍼즐 만들기
실수정정	오선퍼즐을 잘 조립하지 못할 때.

		지 도 상 의 유 의 점
변형 확대 및 응 용	• 교실에 큰 오선을 만들고 아동들이 음표가 되어 교사의 지시에 따라 줄과 칸에 오르내리기	오선 퍼즐을 만들 때 종이를 정확하게 오릴 수 있도록 돕는다.
		관 찰 (아 동 평 가)
		오선 줄과 네 칸의 명칭을 아는가?

활동(65)

주 제	악보와 건반		대 상 연 령	4세 이상
교 구	• 보표, 건반 모형(건반이 4개 있는 것), 건반악기, 실로폰.			
목 적	직 접	• 악보 위의 건반의 음이름을 알 수 있다.		
	간 접	• 건반악기의 음의 자리를 알 수 있다. • 음악을 만들 수 있다.		
선행학습	음악을 읽고 만드는 준비연습, 건반소개			
언 어	건반의 이름들(7개)			
교 구 제 시				

활동과정
(상호작용)
	⦿ 악보와 건반
	- 건반을 보여 준다
	- 네 이름이 무엇이지? 차례로 대답해 볼까?
	  - 너희들도 이름이 다 있는 것과 같이 이 건반들도 제각기 다른 이름들을 가지고 있단다.
	  - 너희들의 이름은 대부분 두 글자인데 이 건반의 이름은 가, 나, 다, 처럼 한 글자로 부른단다.
	  "7개의 이름이 있는데 '가, 나, 다, 라, 마, 바, 사' 라고 불러."
	- 악기의 가장 낮은 음부터 하나씩 누르면서 확인시킨다.
	• 반복해서 말해 볼까?
	"가 나 다 라 마 바 사 가 나 다 라 마 바 사 가 나 다
	 A B C D E F G A B C D E F G A B C
	 라 시 도 레 미 파 솔 라 시 도 레 미 파 솔 라 시 도
	- 교사가 '다(도)'로 시작하는 종이건반위에 이름을 써 넣는다.
	  • "선생님이 종이건반위에 건반의 이름을 써 넣을 테니 잘 보자."
	  "첫째 건반의 이름은 다(도)야. 다음은 어떤 음이 올까?"
	  "여러분들의 건반모형에 각 건반의 이름을 써 넣어보자."
	  "7개의 건반 이름은 순서가 있고 7개의 이름이 반복되고 있단다."
	- 건반 7개의 이름을 큰 소리고 부르며 건반모형을 연주해 본다.
	- 작업 후 뒷정리를 잘하고 제자리에 둔다.

흥미 요소	건반에 이름표 달아주기.
실수정정	건반의 이름을 잘 못 알았을 때.

변형 확대 및 응 용	• 캐터필러(Caterpillar)활동 벌레머리에 건반의 이름을 순서대로 붙이게 한다.(모형제시)	지 도 상 의 유 의 점
		건반은 '가(도)'로 시작하고 '아'가 없이 7음이 순서대로 반복됨을 유의한다.
		관 찰 (아 동 평 가)
		각 건반의 7음의 명칭을 순서대로 말 할 수 있는가?

활동(66)

주 제	무지개 건반	대 상 연 령	4세 이상
교 구	건반 사본, 크레파스, 색연필, 종이건반.		
목 적	직 접	• 무지개 건반을 만들 수 있다.	
	간 접	• 악기의 건반의 음의 자리를 알 수 있다. • 악기를 연주할 수 있다.	
선행학습	음악을 읽고 만드는 준비연습, 상행 음 하행 음. 음악 계단.		
언 어	음악계단, 음표, 보표.		
교 구 제 시			

활동과정 (상호작용)	⊙무지개 건반 - 교실에서 소그룹으로 활동한다. - 건반 사본을 보여준다. 　• 누가 자기 건반에서 '레'를 찾을 수 있을까? 　(답이 나오지 않을 경우 '도'의 위치를 알려주고 '레'는 '도'의 다음 　음이라는 것을 알려준다) 　• '레'는 검은 음표 2그룹에 있을까? 3그룹에 있을까? 　• 그래, '레'는 2그룹에 있구나. 이제 '레'를 찾아볼까? 　• 건반 사본에서 또 다른 '레'를 찾아본다. 　• 우리 이 건반에 있는 다른 '레'를 찾아보자. 　"건반을 짚어가며 '레 미 파 솔 라 시 도 '레' 여기 있구나. 　　'레' 2구역 안에 있구나." 　"앞으로 '레'를 찾으려면 2구역 안에서 찾으면 되겠구나" - 교사가 지시하는 음을 찾고 찾은 음에 색칠하기. - 너희들 건반에 '레'음에는 모두 주황색을 칠해보자" 　이번에는 '미'음을 찾아서 노랑색을 칠하자." 　" '도'는 어디에 있을까? - '도'에는 무슨 색을 칠할까? '도' 는 '레'앞에 있으니까 빨강색을 　칠하면 어떨까? - 그래, 음을 무지개 색깔로 칠하려고 해. 7가지 무지개 색 알아보기 .　'빨 주 노 초 파 남 보' 순서대로 칠해 보자."
흥미 요소	오선에 동전으로 음표 만들기. 오선 퍼즐 만들기
실수정정	오선퍼즐을 잘 조립하지 못할 때.
변형 확대 및 응　용	• 종이건반의 건반 한 개씩을 접고 그 이름을 알아맞히기 게임하기	**지 도 상 의 유 의 점** 교사의 검사가 용이하게 아동의 건반에 무지개가 2개 그려 있도록 건반을 준비한다. **관 찰 (아 동 평 가)** 무지개 건반을 만들 수 있는가?

활동(67)

주 제	음표 이름		대 상 연 령	4세 이상
교 구	오선, 음표 건반, 보표.			
목 적	직 접	• 오선에 7개 음표를 알맞게 그려 넣을 수 있다.		
	간 접	• 악보를 읽고 연주할 수 있다. • 음악을 만들 수 있다.		
선행학습	음악을 읽고 만드는 준비연습, 상행 음 하행 음, 음악 계단.			
언 어	음악계단, 음표, 보표.			
교 구 제 시				

활동과정 (상호작용)	– 추측놀이 게임을 한다.(소그룹 활동을 한다.) 　• 추측놀이 게임을 해 본다. 　　'도'다음에 어떤 음이 온다고 행각하니? 　　'도' 앞에 어떤 음이 올까? – 이런 방법으로 7가지 음을 모두 추측놀이로 계속한다. – 익숙해지면 오선위에 음표를 그리는 게임을 한다. 　• 이젠 좀 더 어렵게 게임을 해보자. 　　여기 오선이 보이지? 바로 여기에 음표 하나를 그릴게. 　　선생님이 그린 음의 이름은 무엇이지?" (레) – 7음을 오선에 그릴 때까지 게임을 계속한다. – '도'부터 '레 미 파 솔 라 시 도' 까지 올라가고 다시 '시 라 솔 파 미 레 도' 까지 밑으로 그려 내려온다. 　• 여러 분도 선생님을 따라서 오선에 그려 보겠니? 　　음의 이름을 말하면서 하나씩 음을 오선에 그려보자. 　• 미'음은 줄에 있는 음인가? 칸에 있는 음인가? 　　이 들 음표는 위로 올라가는가, 아래로 내려가는가? 　　이 음표 들을 낮은음부터 순서대로 놓고 다 함께 연주해보자.
흥미 요소	오선에 음표를 그려 넣기
실수정정	오선에 음표를 잘 그려 넣지 못할 때.

변형 확대 및 응　용	• 교실 벽에 큰 오선을 만들어 붙이고 원하는 음표를 찍찍이로 붙이게 하는 코너를 마련한다.	**지 도 상 의 　유 의 점** 오선에 그려진 음표의 이름을 붙이는 활동은 어려우므로 많은 연습이 필요하다. **관 찰 (아 동 평 가)** 오선에 7개의 음표를 알맞게 그려 넣을 수 있는가?

활동(68)

주 제	음감 벨		대 상 연 령	4세 이상
교 구	오선, 동전깡통, 음악계단			
목 적	직 접	• 오선과 줄, 칸의 명칭을 정확하게 사용할 수 있다.		
	간 접	• 음악을 읽고 연주할 수 있다. • 아름다움을 느끼고 감상할 수 있다.		
선행학습	음악을 읽고 만드는 준비연습, 상행 음 하행 음. 음악 계단.			
언 어	음악계단, 음표, 보표.			
교 구 제 시				

 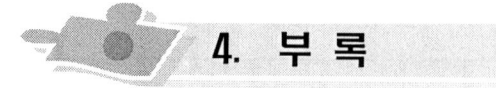

부록

● 몬테소리의 민감기 아이들의 배움에 대하여!

1. '아이의 업무는 무엇이고 교사의 역할은 무엇인가?
가) 아이의 업무
1) 아이가 출생과 동시에 가장 중요한 업무는 환경에 적응하는 것이다. 아이는 어느 국가, 어떠한 환경에서도 스스로의 적응력을 가지고 태어난다. 아이는 스스로 그 시대의 문화나 환경에 적응해 내야하는 업무를 지녔다.
2) 아이는 무한한 잠재능력을 가진 자유로운 존재로써 끊임없이 자신을 창조해 가는 업무를 가지고 있다.
3) 아이자신이 스스로 자신의 잠재력을 개발해서 사람과 밀접한 관계를 성립하고 환경에 적응하여 생존해가기 위해서 신체적, 정신적으로 발달해야 하는 업무를 가지고 있다.
4) 무의식 단계 아이의 가장 큰 과업은 '자기 돌보기'의 업무이다.
5) 무의식 단계의 아이들은 모방의 업무를 가지고 있다.
6) 고유의 전통 문화의 계승발전의 업무를 가지고 있다.

나) 교사의 임무는 무엇인가?
1) 아이가 다양하고 자유스러운 환경속에서 적응하는 경험이 이루어질 수 있도록 교실내외에 활동에 필요한 환경을 제공한다.
   (예: 시장구경, 문화영역의 각 국가의 다양한 전통적 환경 제공)
2) 아이는 외부자극에 적응력이 부족하기 때문에 아이의 집중을 깨뜨리지 않도록 아이로부터 멀리 떨어져 관찰을 해야 한다.
3) 아이 스스로가 자신을 건설해가는 풍부한 능력의 시기임을 존중하고 교사의 강요나 성급함이 없어야 한다. 아이의 선택이나 작업에 존경심을 가지고 기다려야 한다.
4) 교사는 아동에 대한 개입에 주의해야 한다. 즉 교사는 아이의 활동에서 필요 이상의 개입 필요한 개입을 신중히 가려서 임한다.
5) 교사는 앞으로 아이의 끊임없는 창조를 위하여 간접적인 기술의 관계를 통해서 독립적이고 자발적인 활동을 허용하고, 아이로 하여금 계속적인 정복으로 자기완성에 도달할 수 있도록 한다.
6) 교사는 아이의 민감기의 적기를 놓치지 않고 지속적인 관찰로 피드백한다.

7) 정신적, 신체적으로 균형있는 발달과업을 수행하기 위하여 오감을 고루 자극하는 다양한 교구환경을 제공해야 한다.
8) 아이는 자기 돌보기의 업무수행을 통하여 어린이들이 자유를 존중하고 자유롭게 탐구, 탐색하므로, 독립적인 아이의 작업 성취를 돕는다.
9) 특히 일상영역을 통하여 그 나라의 사회적 요소인 인종 차별 또는 언어나 문화를 반영하기 때문에 다국적 전통 문화에 접근하는 지도가 필요하다.
10) 부모교육을 통하여 학교와 가정교육의 일체감을 형성하고 부모는 아이와 함께 태어난 본 국적의 전통문화를 계승 발전시키도록 지도한다.

2. 아이의 의식상태와 무의식 상태의 아이의 행동은 어떠한가?

1) 무의식 민감기는 생태학적으로 볼 때 중추신경과 두뇌의 미발달의 상태이다. 즉 아이는 빛 냄새 소리, 감각 등의 모든 자극을 동시에 한꺼번에 겪게 되는데 이러한 외부의 자극을 차단하거나 끊을 수 없는 능력의 상태이다. 따라서 금방 방해를 받아 집중이 깨지기도 하고 즉흥적으로 다른 행동으로 옮겨지기도 한다. 결국 아이는 매우 산만하고 집중력이 약하여 아무런 생각이 없이 부딪치는 대로 행동부터하게 된다.
2) 그러나 의식적 민감기는 이러한 외부 자극을 조금씩 조절할 수 있거나 끊을 수 있는 상태로 발달하며 탐험성을 가지게 되는 것이 특징이다.
3) 아이들의 창조란 모든 것이 환경(작업)의 경험을 통하여 이루어지며 이것은 행동을 통하여 단단하게 형성되어 간다.(M흡수정신에서)
  민감기는 풍부한 능력을 갖는 특정한 시기이며 민감기의 아이는 환경으로부터 많은 것들을 자연스럽게 흡수하여 자기완성에 도달할 수 있다

3.아이에게 존중 감을 보이기 위하여 교사가 할 일은 무엇인가?

1) 교사의 언행은 천천히 안정되고 평화스럽게 움직여서 아이의 작업을 방해하지 않아야 하며 아이의 선택을 존중한다.
2) 교실에서 멀리 있는 아이를 부를 때 조용히 부르고 이야기하며 일관된 언행을 보인다.
3) 아이를 도와주기 전에 말로 아이와 시선을 맞추어 신뢰감을 형성하고 할 일을 말한다.
4) 어린이가 어떤 한계에 부딪쳤을 때를 대비해서 깊이 관찰하면서 도와줄 수 있는 시기를 기다린다.(개입시기의 적절성)

5) 어린이가 교사를 부를 때 반드시 응해주고 이때에는 아이의 말속에 있는 내심의 요구까지 들어주며 약속은 꼭 지켜준다.(신뢰감, 존중감 형성).
6) 아이의 활동의 오류에 대해서는 함부로 직접 지적하거나 교사 객관적인 결정이나 판단을 하지 말고 그러나 잘못된 상황에 대해서는 반드시 옳은 방법을 알려준다.
7) 교사는 아이가 혼자의 힘으로 자신의 정신을 쌓아가는 동안에 만족한 성취에 이를 수 있음을 알고 기다려 주어야 한다. 아이는 자신을 창조해가는 무한한 잠재력을 지닌 자유로운 존재로써 아이 스스로 자신의 잠재력을 전개시켜 나가는 시기이다.
8) 결코 아이에게 어떠한 책임도 부과해서는 아니 되며 아이가 언제나 부탁해 올 수 있도록 배려하고 그 때마다 정확한 방향제시를 해 주어야 한다.

4. 아이들이 최고로 잘 배울 수가 있는 때는 언제인가?

1) 아이가 의식을 갖기 전에 환경으로부터 모든 것을 무의식적으로 강하게 흡수하는 능력이 0-6세까지 지속되며 무의식단계에서 점차 의식의 단계로 진행이 된다.
2) 무의식적 단계(0-3세)는 아이가 가능한 모든 인상들을 무의식적으로 흡수하여 자신의 인격의 일부로 만들어 간다. 몬테소리는 이러한 아이의 정신을 '사진기로 찍은 사진'에 비유하였다. 이 시기의 흡수정신은 능동적으로 나타나며 모국어 습득에 특히 중요하다.
3) 아이는 끊임없이 자신을 창조해가는 무한한 잠재력을 지닌 자유로운 존재(몬테소리)로서 아이 스스로의 잠재력을 전개시켜가는 시기이기 때문에 최고로 잘 배울 수가 있다.
4) 아이에게 매혹적이고 흥미로운 준비된 환경이 마련되어 있을 때 최고로 잘 배울 수가 있다.
5) 아이에게 자유와 아이의 작업을 존경해 주었을 때 때 최고로 잘 배울 수가 있다.
6) 질서에 대한 민감기: 1세에서 2세까지 나타나며 3세를 정점으로 점차 소멸이 된다. 따라서 교사의 아이들에 대한 다양한 환경제공, 교사의 아이에 대한 적절한 개입이 주어질 때 최고로 배우게 된다.
7) 오감에 대한 민감기는 2개월에서 2세까지 나타나므로 오감을 자극하는 감각 교구가 있을 때 최고로 잘 배울 수가 있다.
8) 움직임에 대한 민감기: 출생에서 6세에 나타나며 무작정 움직여서 조화롭고 세련된 움직임으로 충분히 발달하게 된다.
9) 작은 사물에 대한 민감기: 2-3세에 나타나며 언 듯 보기에는 눈을 뜨지 않은 조그마한 것에 주목하면서 큰 관심을 나타낸다.
10) 언어의 민감기: 태아에서 3세까지로 상호작용을 통해서 언어 자극을 할 때이다.

5.아이들이 준비된 환경 속에서 이익을 얻게 되는데 그 까닭은 무엇인가?

1) 아이의 내적 욕구나 흥미에 부합된 외적조건(준비된 환경)속에서 아이의 강한 집중이 가능한 시기이기 때문이다.
2) 준비된 환경은 아이를 가르친다. 몬테소리의 '교구는 아이의 스승이다.' 라는 말과 같다. 아이가 환경과 직접적인 접촉으로 다양한 경험이 이루어지기 때문이다.
3) 아이가 준비된 환경에서 스스로 작업을 선택하고, 작업에 진정한 흥미와 반복으로 성취감과 자신의 내적훈련의 정상화가 이루어 질 수 있기 때문이다.
4) 아이는 환경 속에서 점차 의식을 갖게 되며 인간다운 삶을 건설해 갈수 있는 경험을 하게 되고 아이의 개혁적, 건설적인 힘을 발휘할 수 있기 때문이다.
5) 자신의 손으로 하여금 준비된 환경으로 작업을 하게 되는데 근육운동의 향상, 몸의 균형감각, 조정능력, 눈과 손의 협응 능력, 대근육과 소근육의 발달을 돕게 되고 손의 활동에 의한 뇌의 발달을 촉진하게 된다.
6) 준비된 환경은 아이가 최고로 잘 배울 수 있는 여건이 된다. 그 이유는 교구매체나 환경은 아이에게 다양한 경험과 반복활동이 주어지기 때문이다.
7) 준비된 환경 중 잘 배울 수 있는 여건은 곧 교사이다.
   준비된 교사는 아이에 대한 철학과 기질이 겸비되어 있기 때문에 아이에 대한 존경심과 교육적 배려가 충분히 이루어질 수 있다.

> 판 권
> 본사소유

개별화 교육을 위한 몬테소리 교육 학습지도안

문 화 영 역 (3~6세)

발행일 : 2009년 9월

저 자 : 권 명 자

발행인 : 임 남 일

발행처 : 도서출판 **몬테소리**

서울시 강남구 대치동 891-23 대우아이빌 명문가 4차 101-1004호

전화: 02-557-2905

fax : 02-557-2905

E-mail: 109kwon@hanmail.net

등록 : 2004. 04. 10

(ISBN. 89.908932-0-8)

값 12,000원

잘못된 책은 교환해 드리며 불법복제를 금합니다.